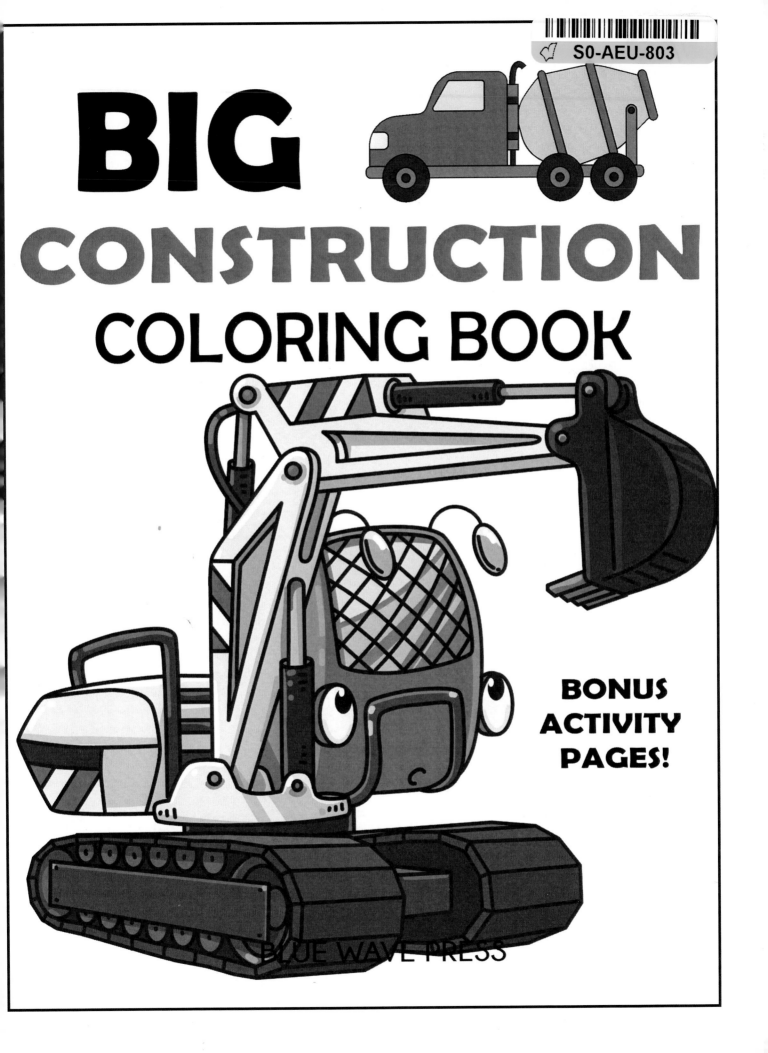

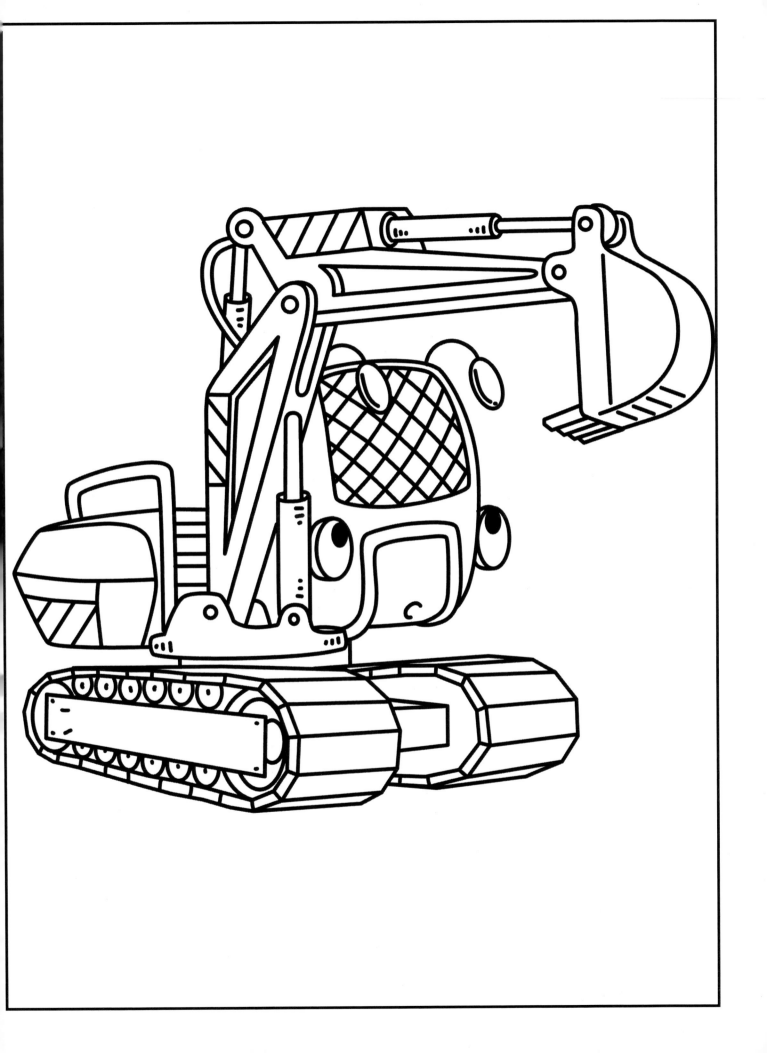

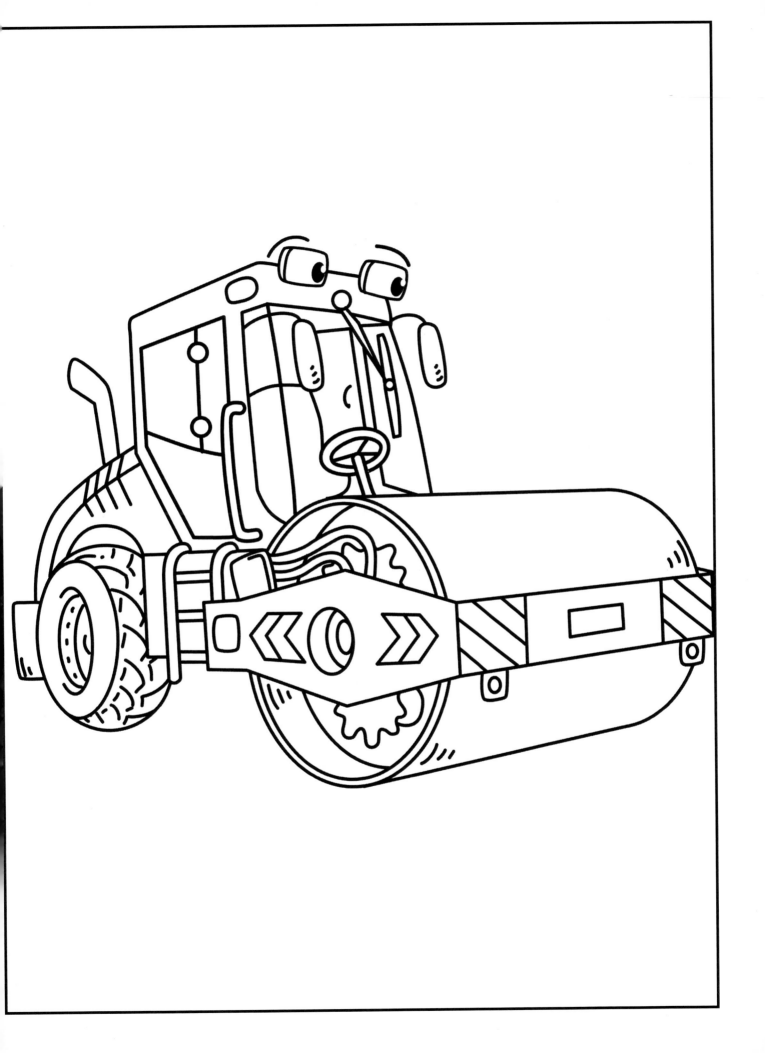

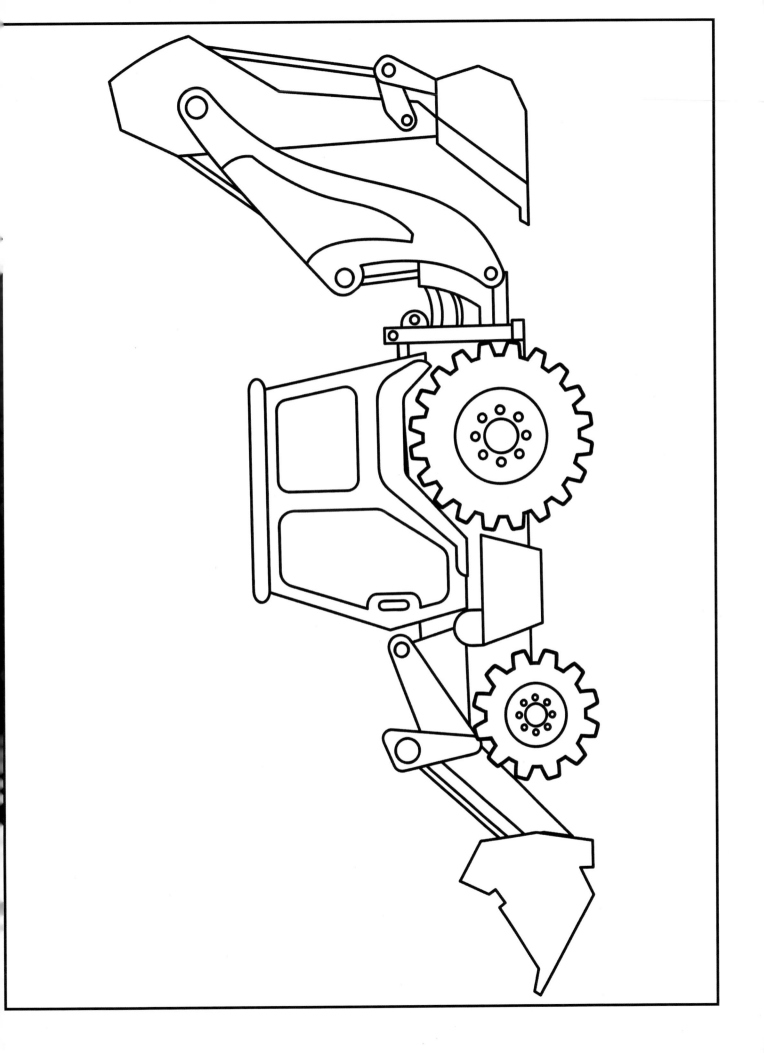

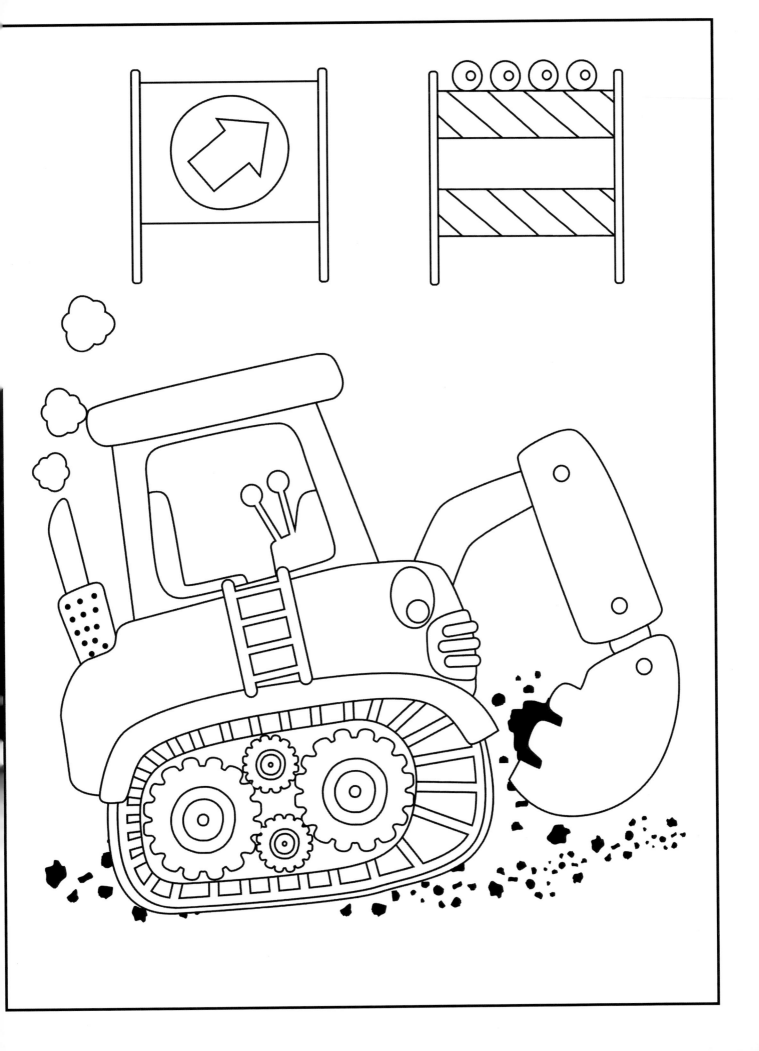

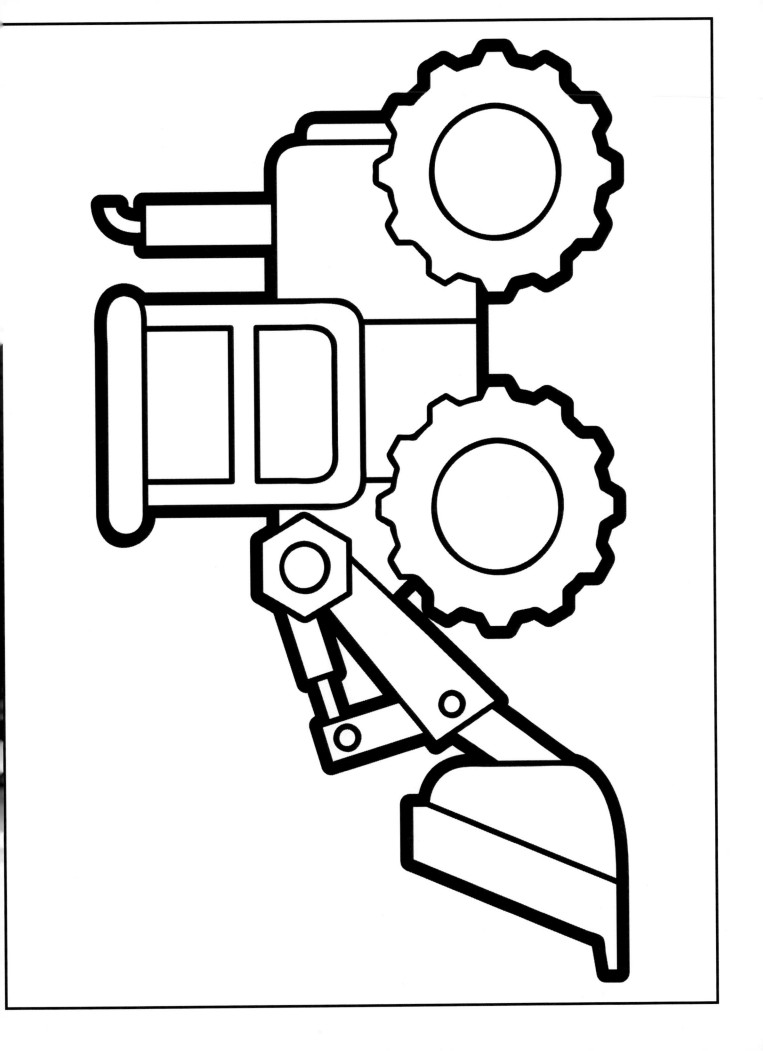

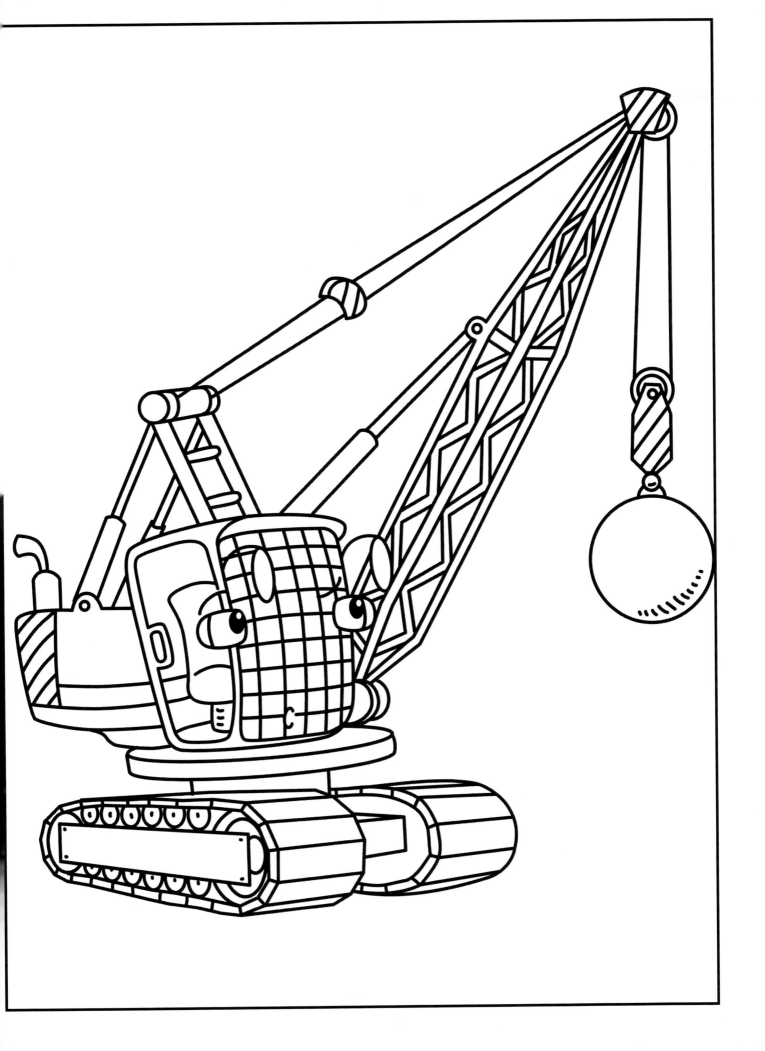

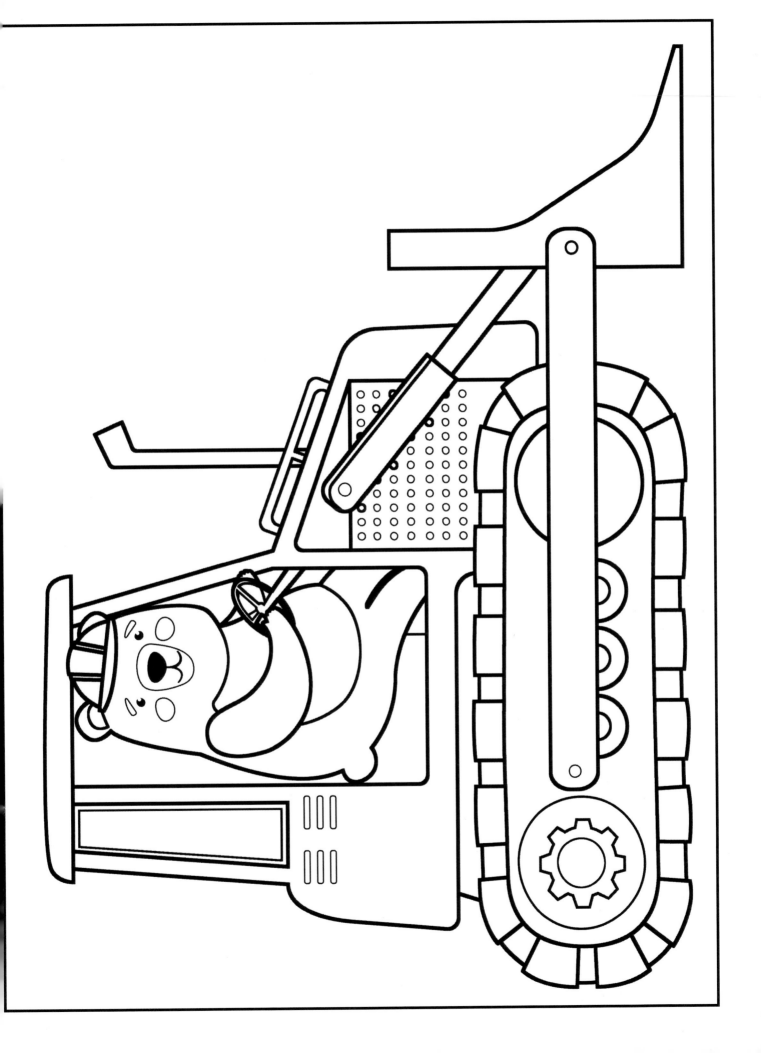

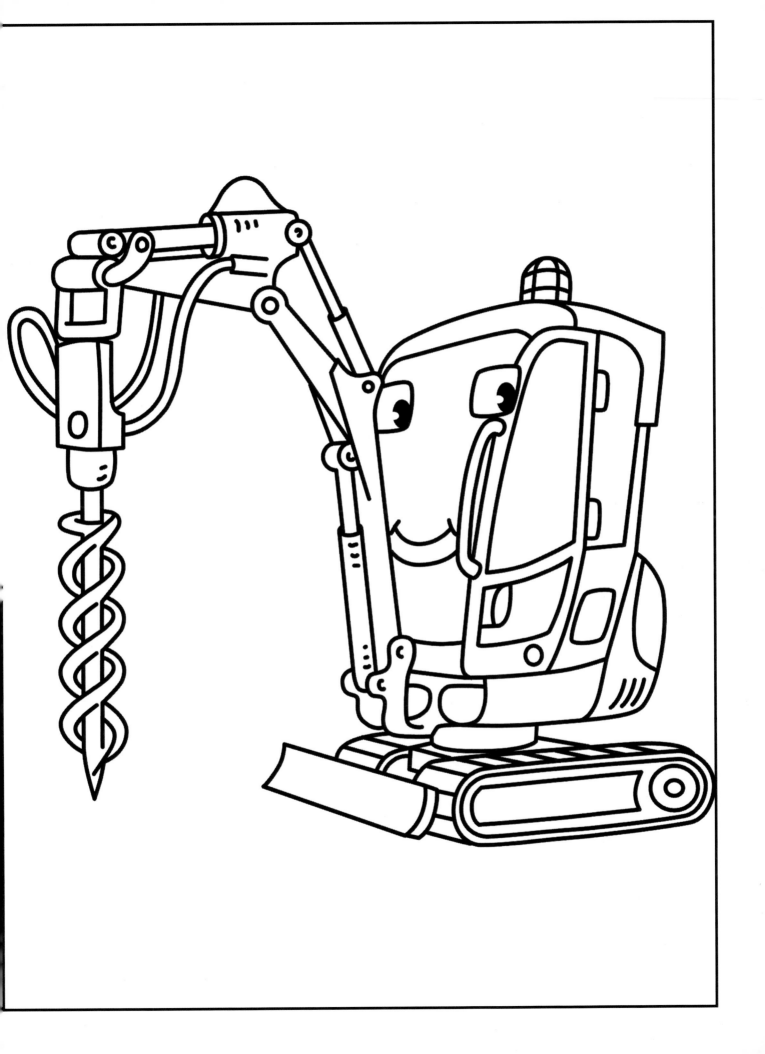

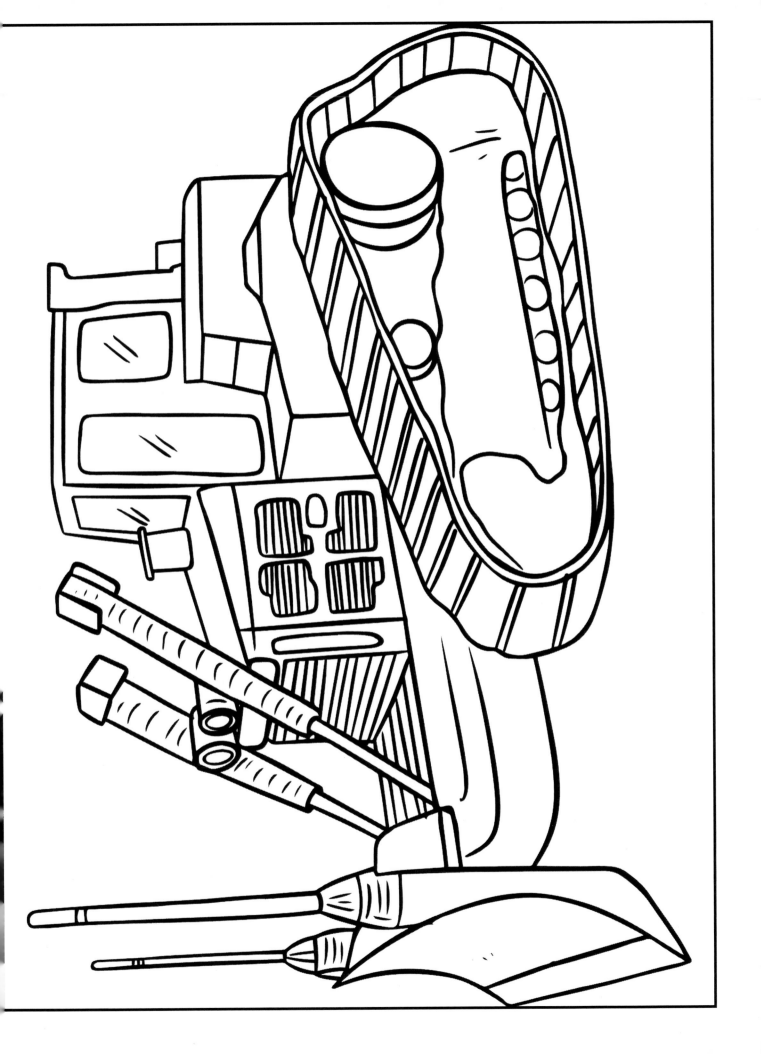

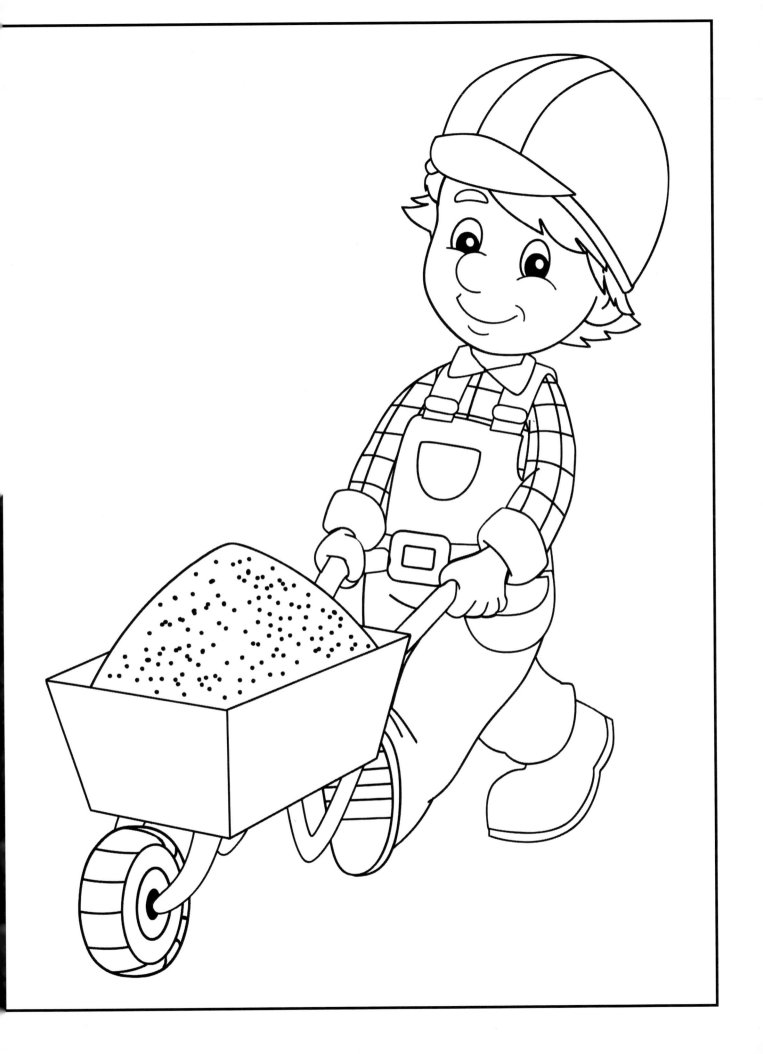

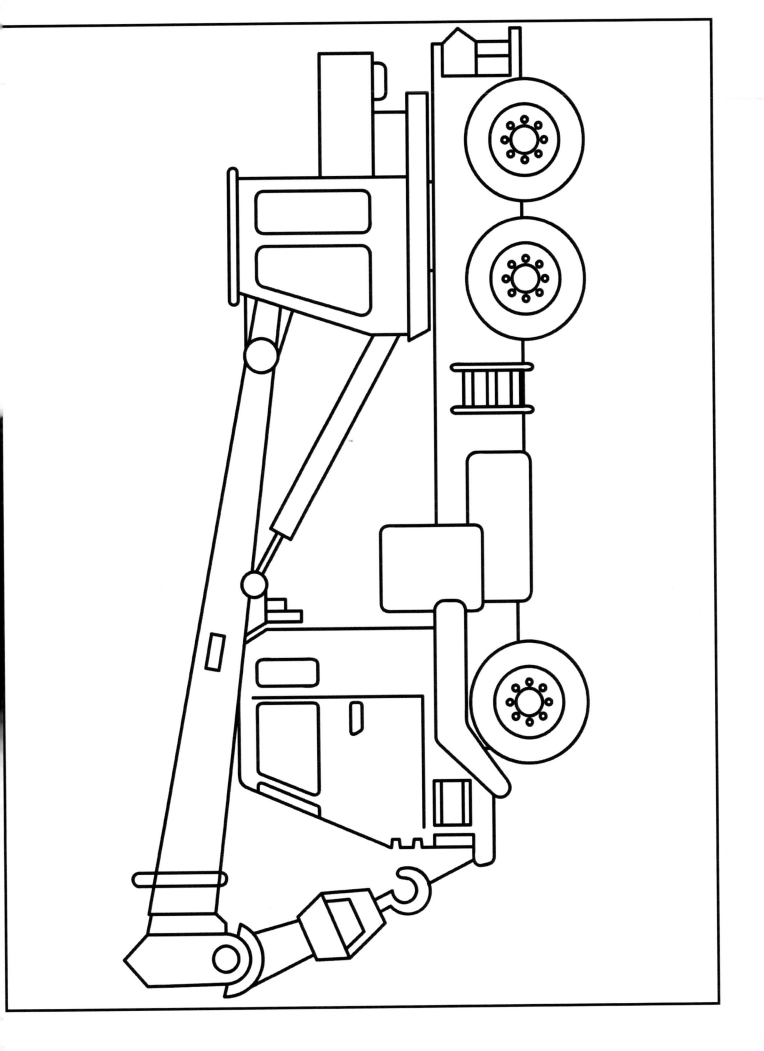

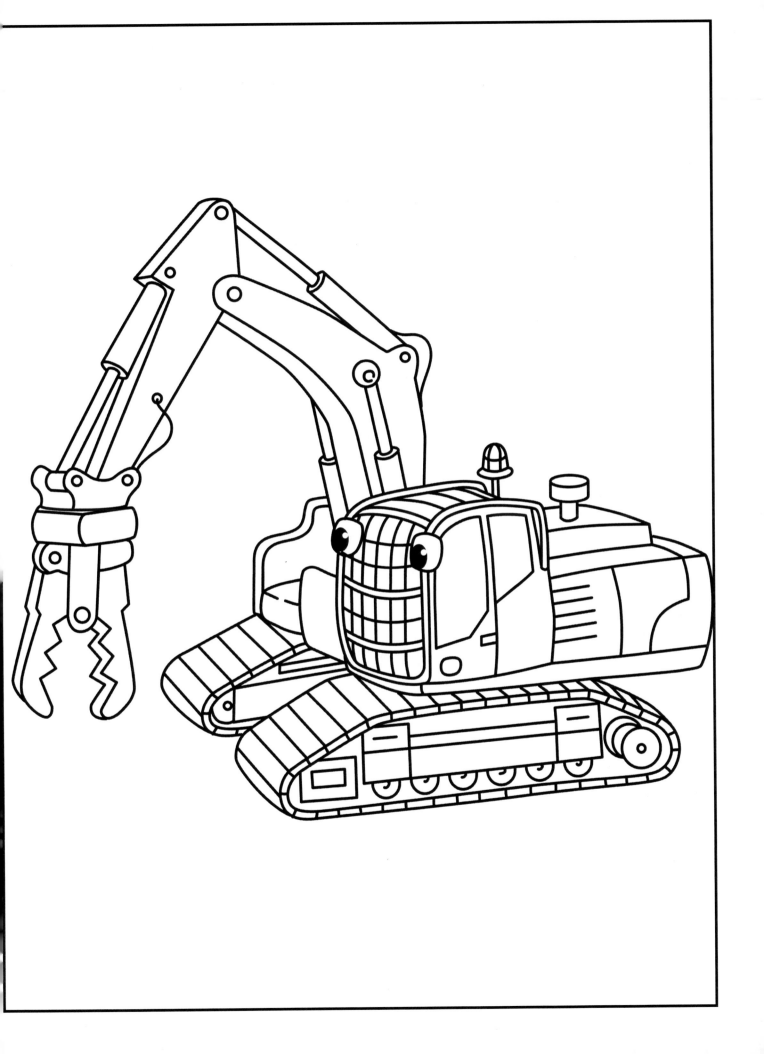

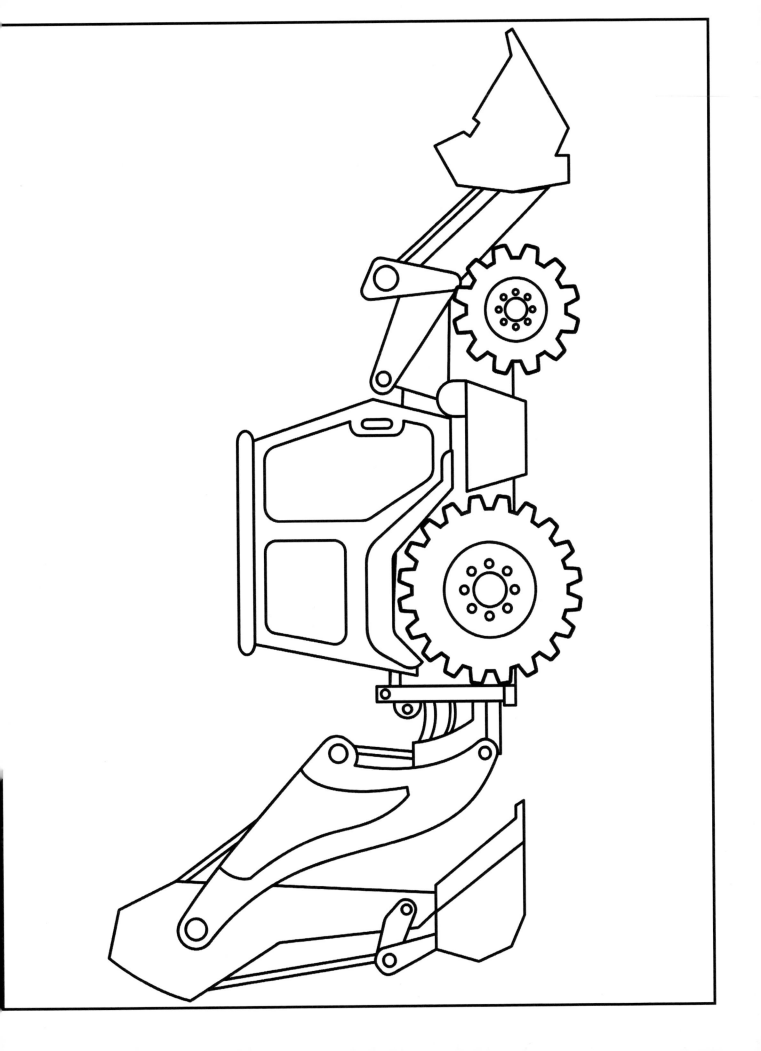

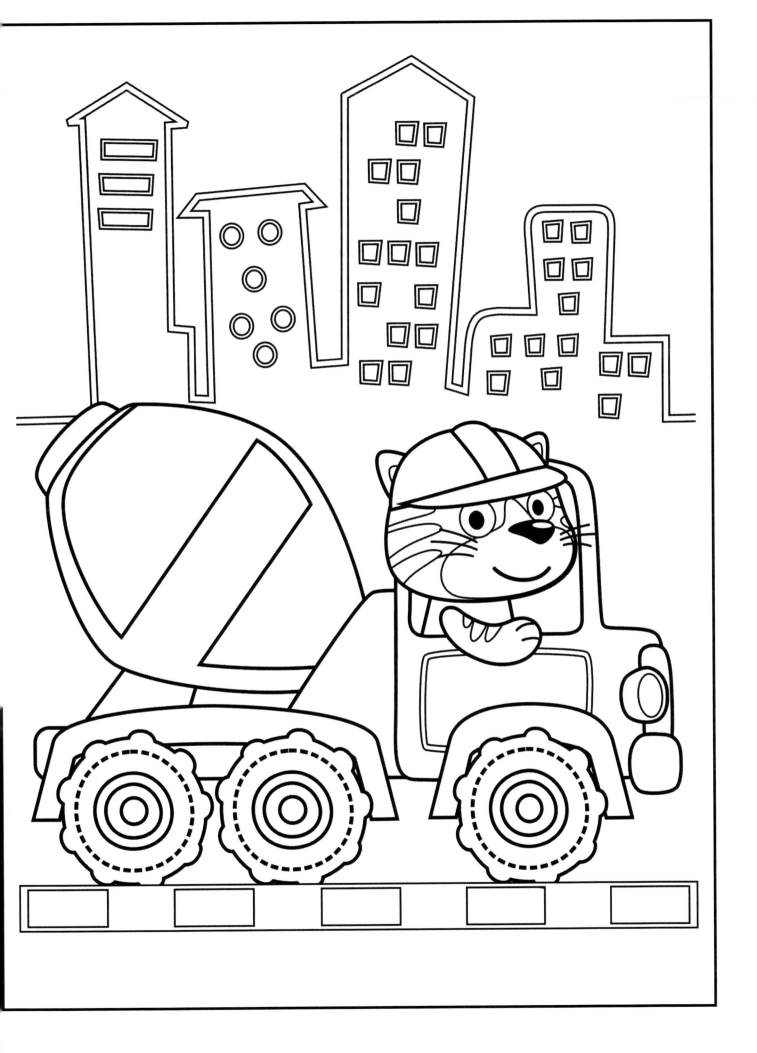

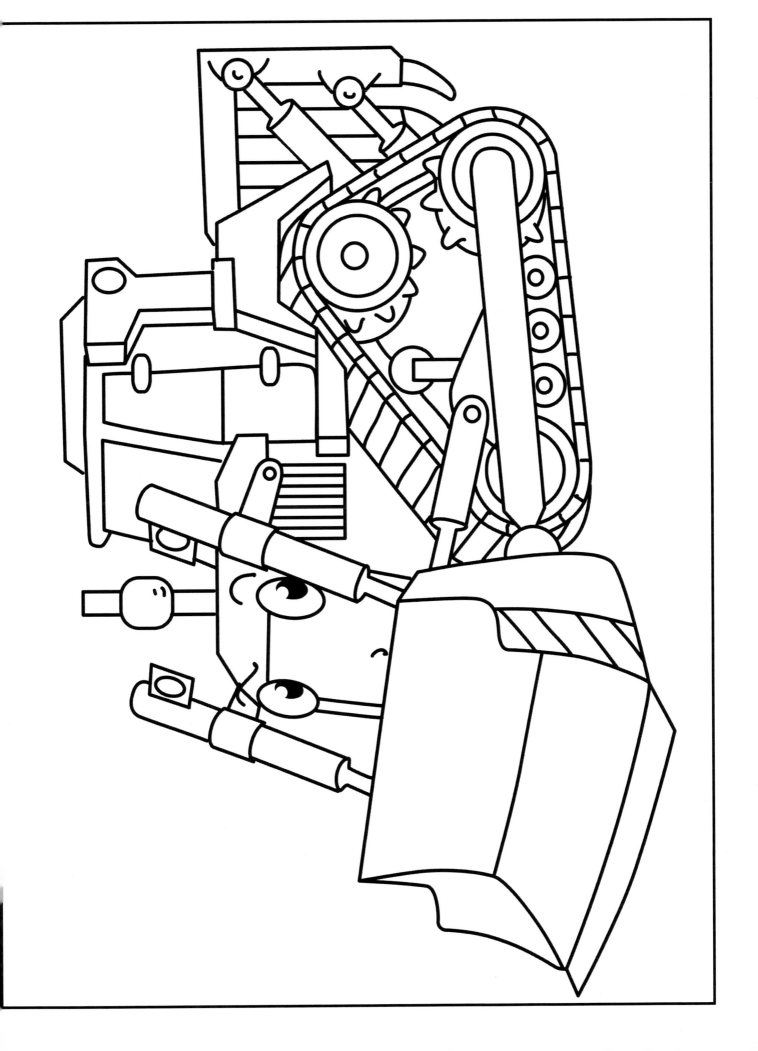

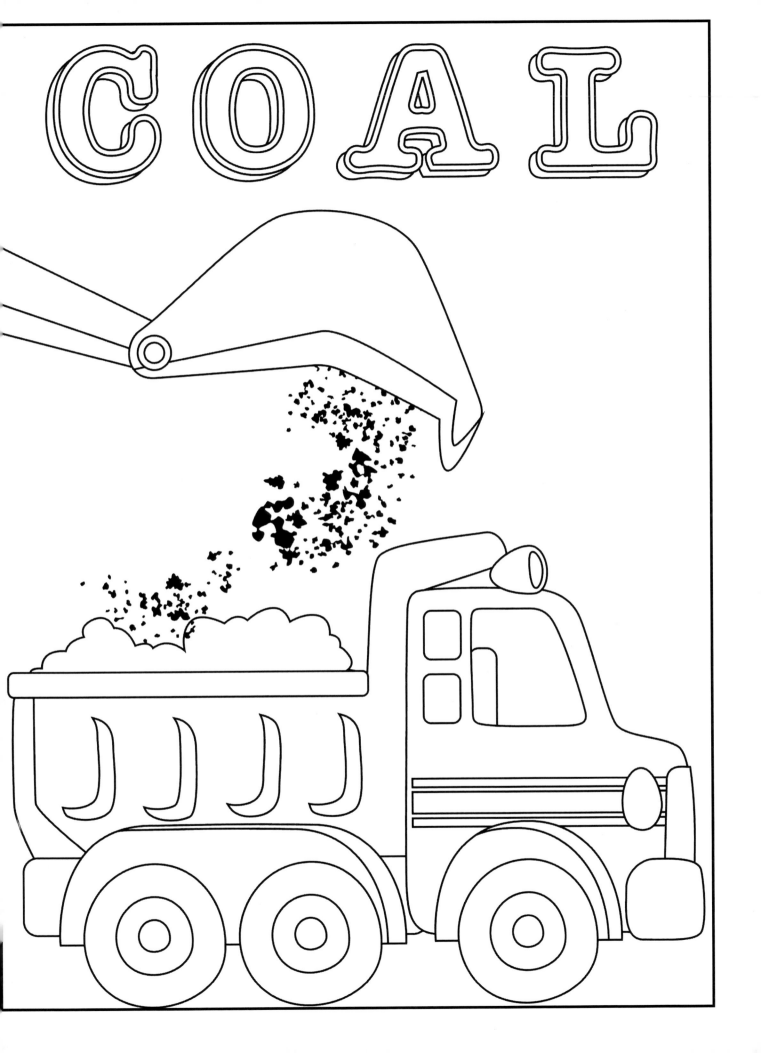

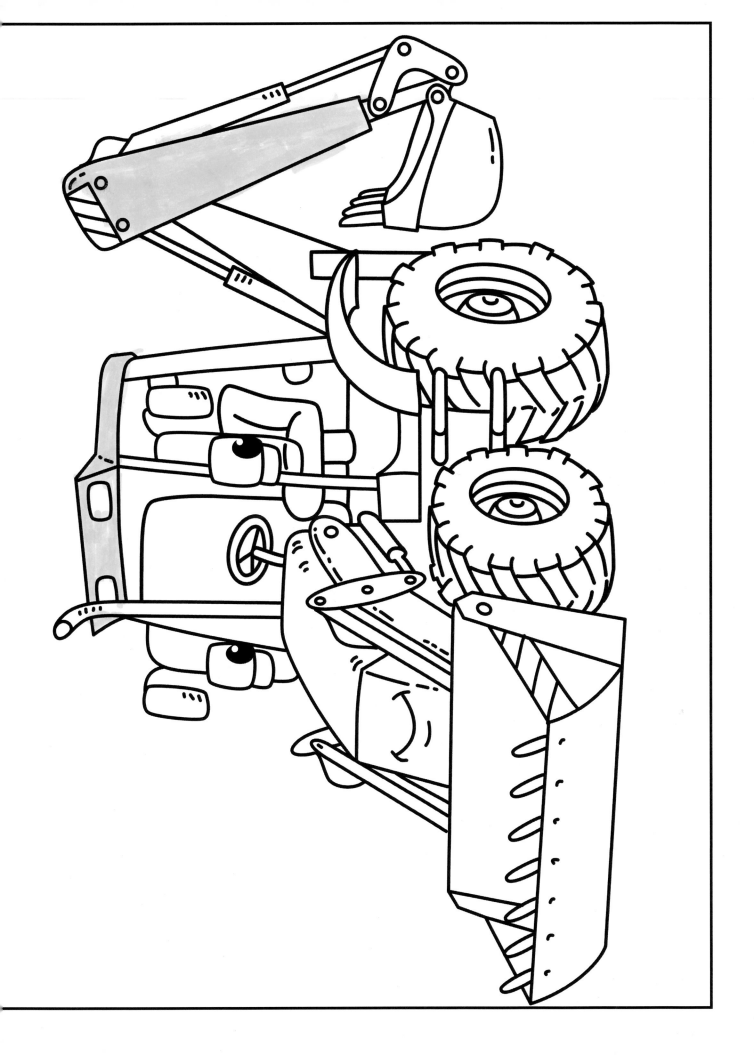

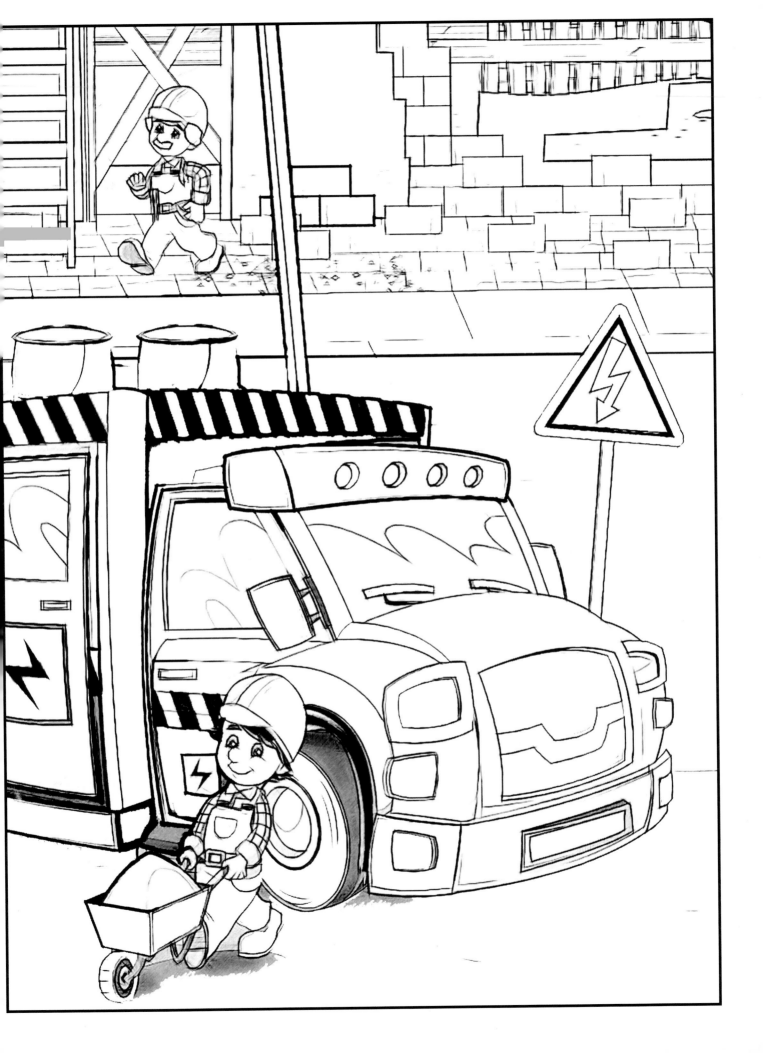

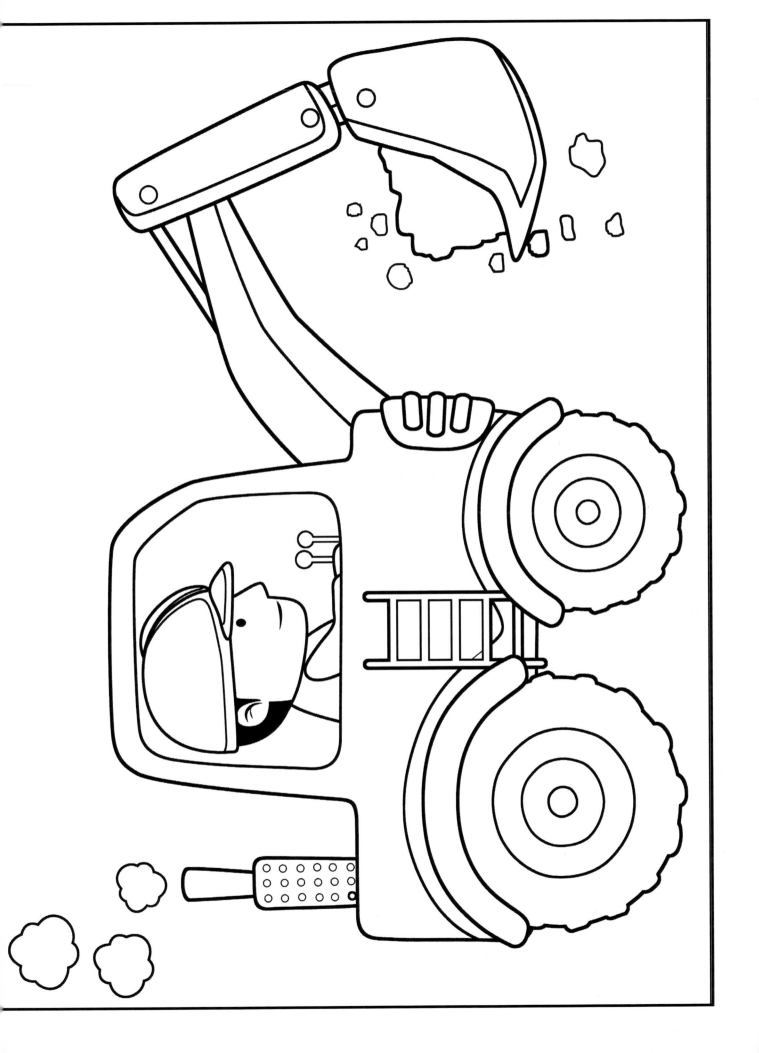

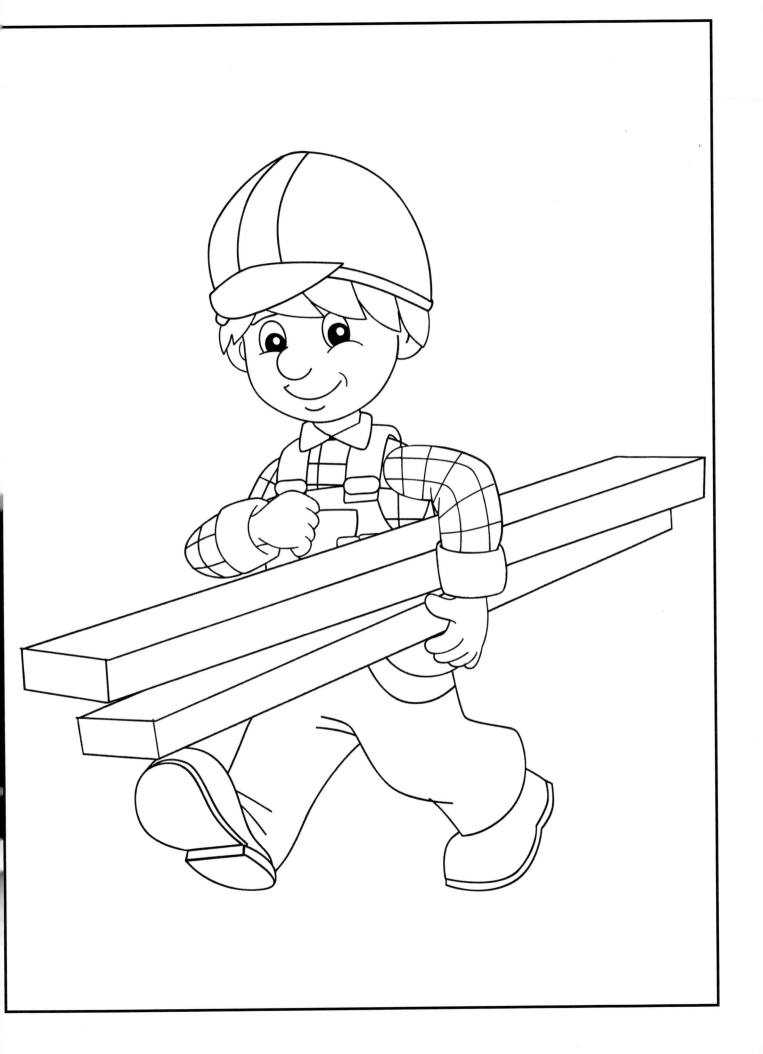

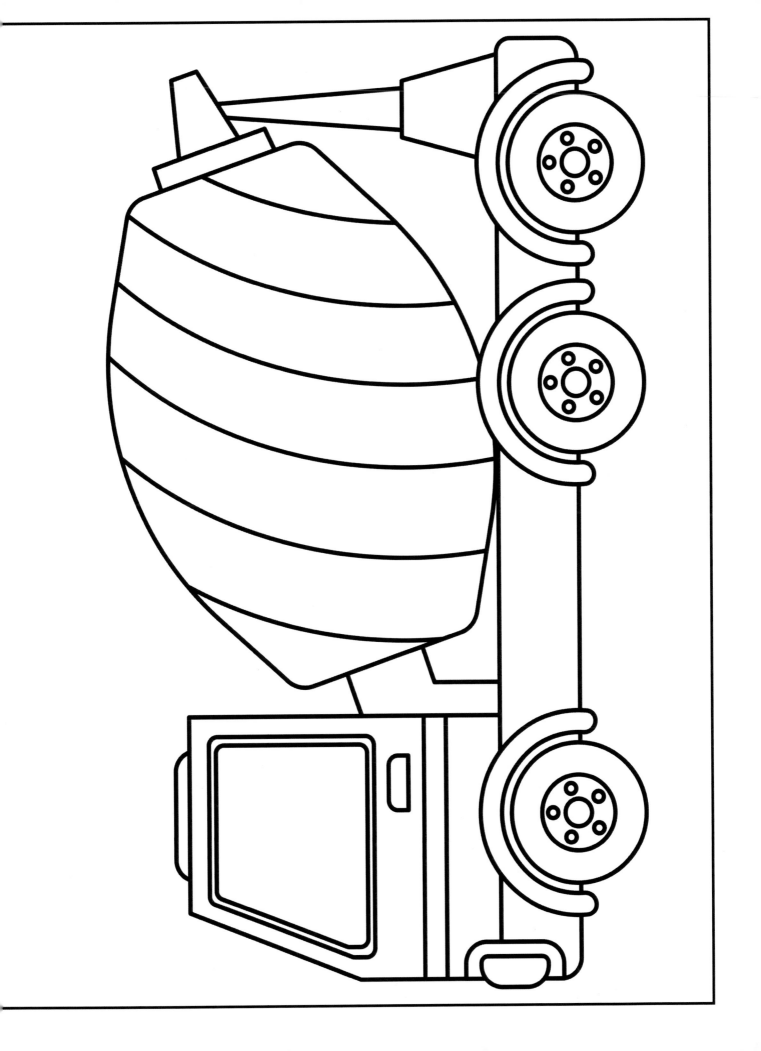

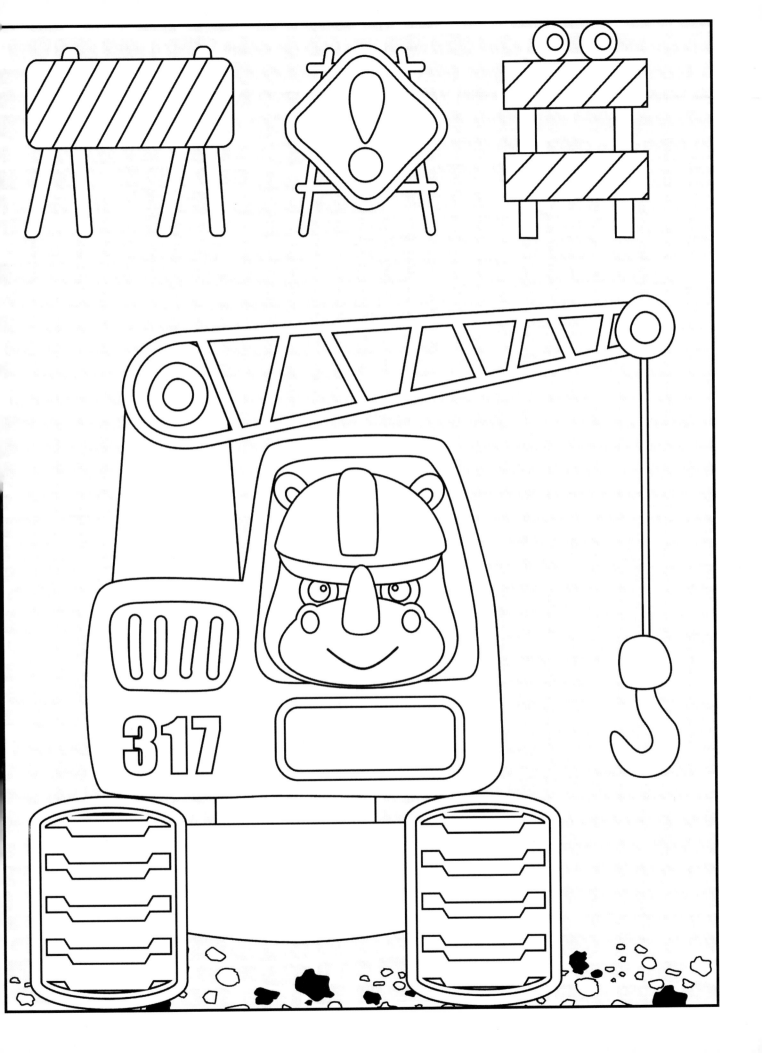

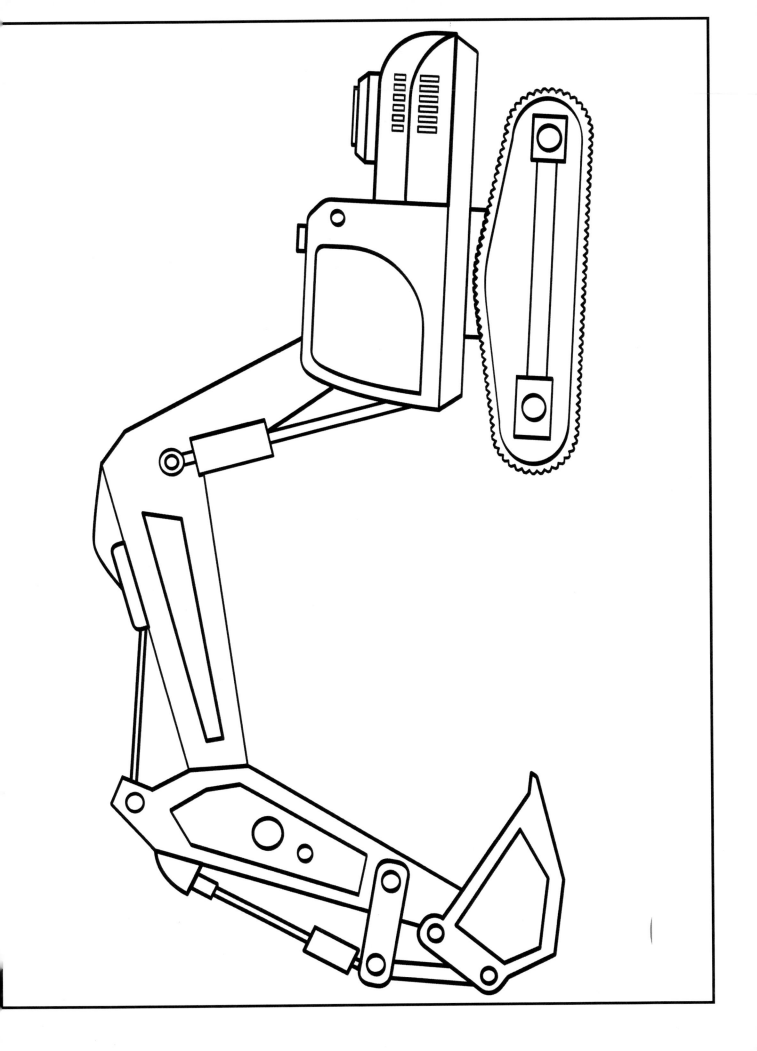

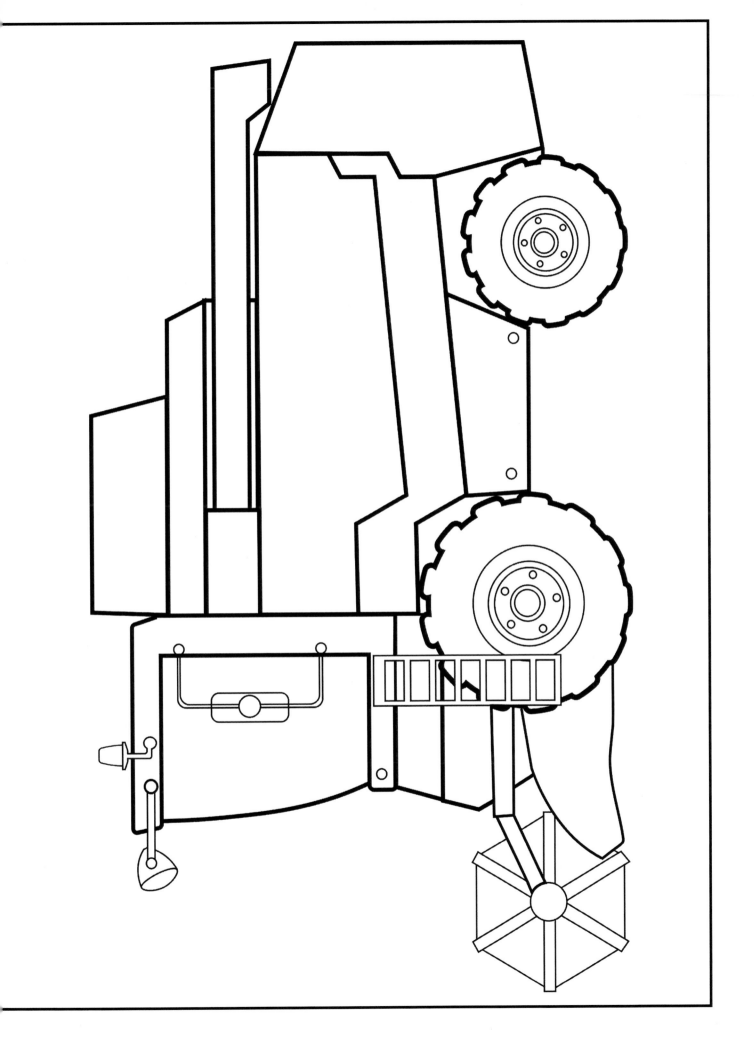

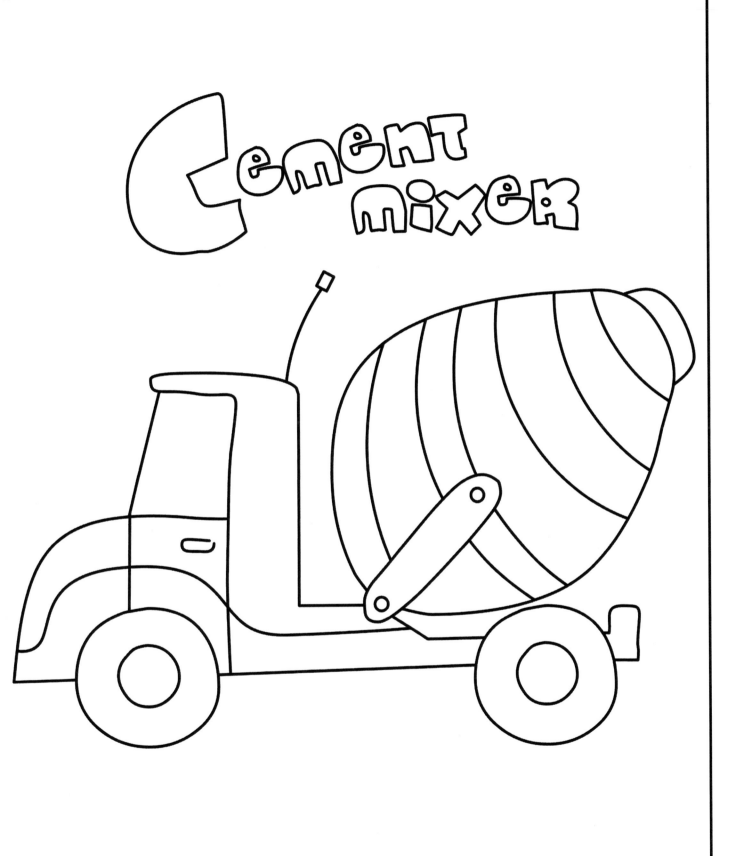

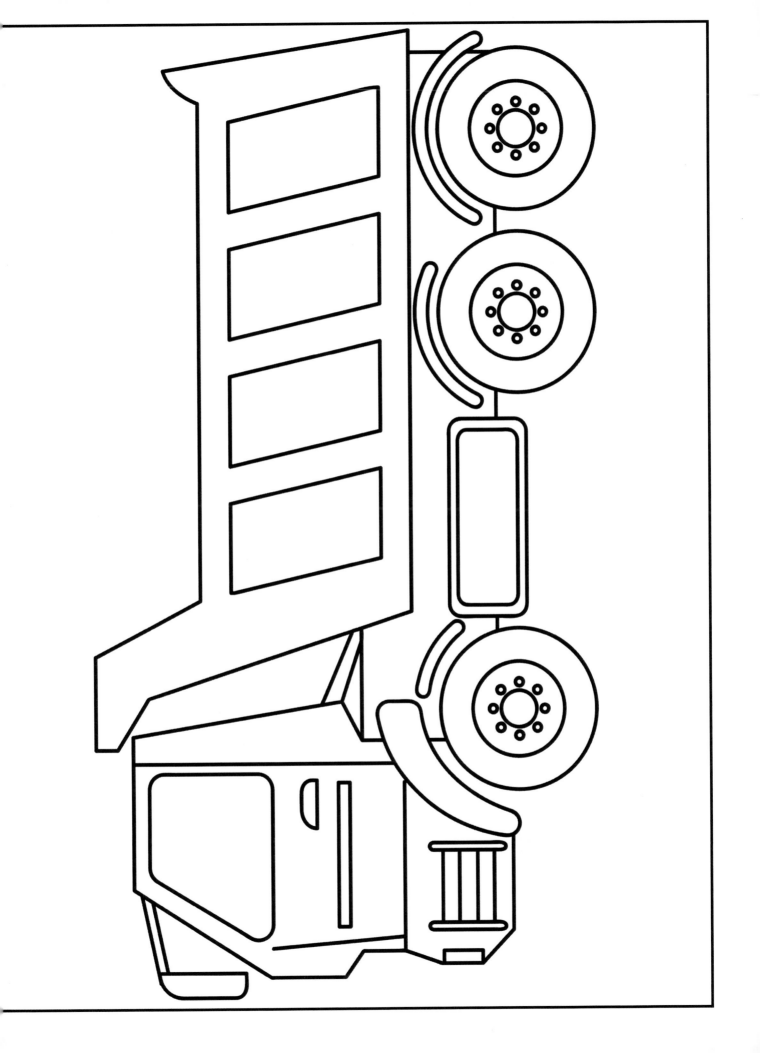

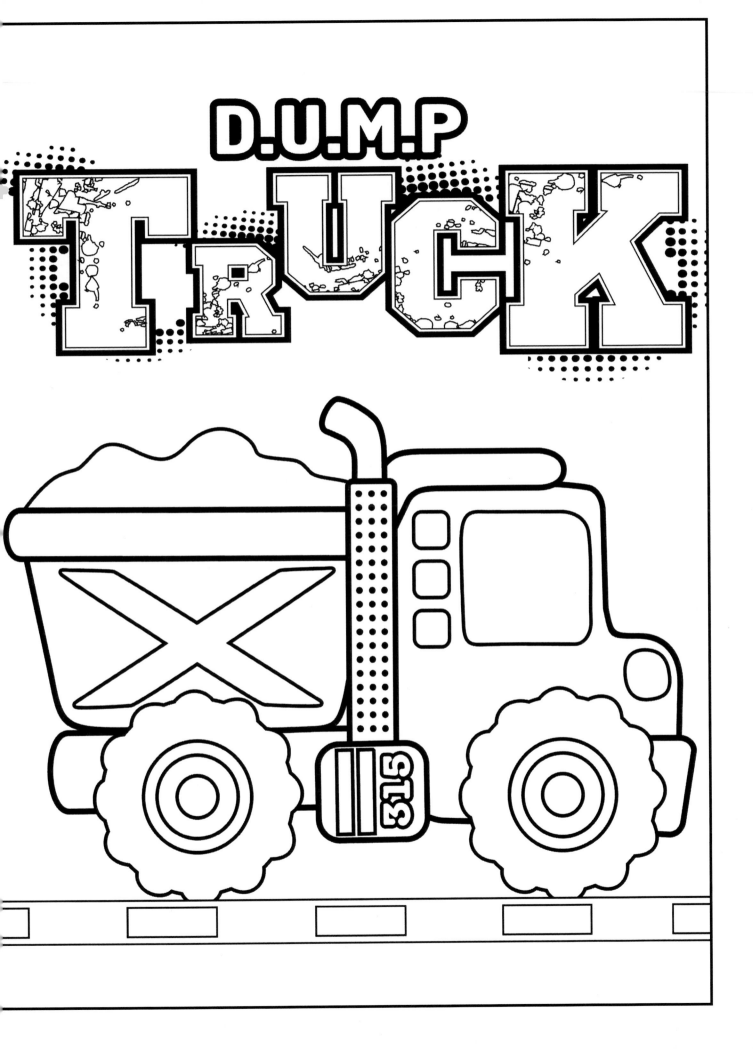

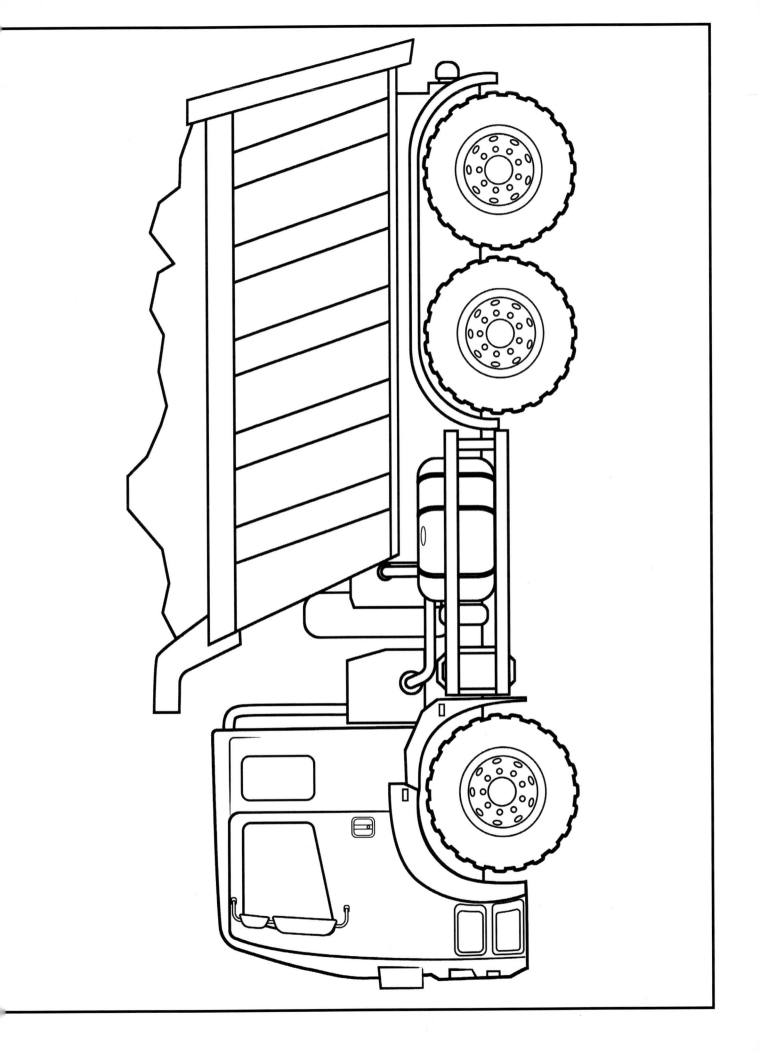

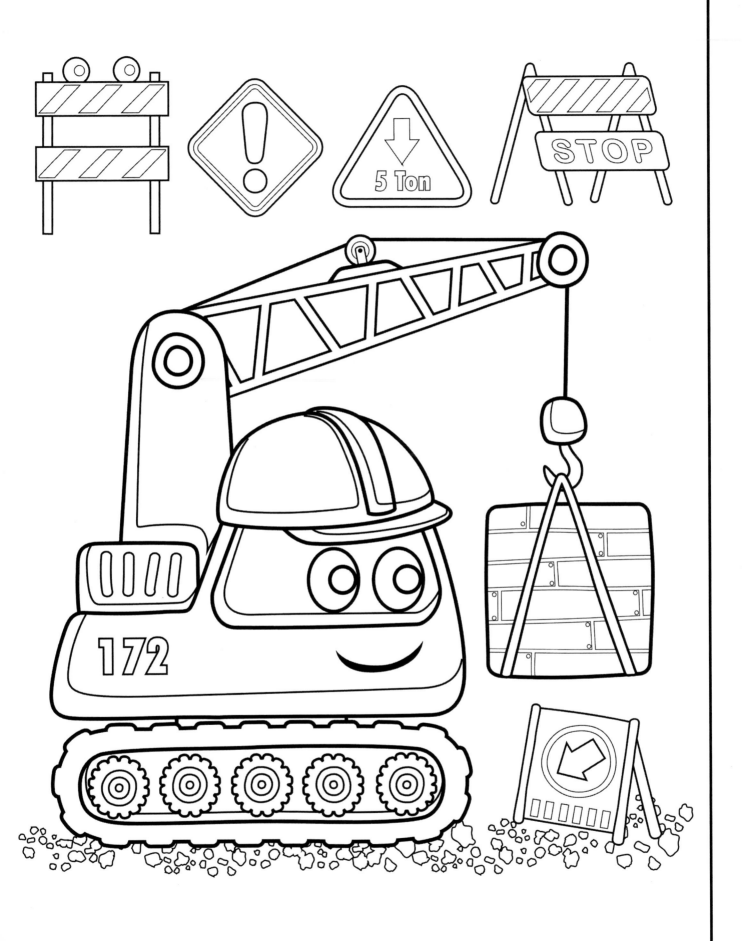

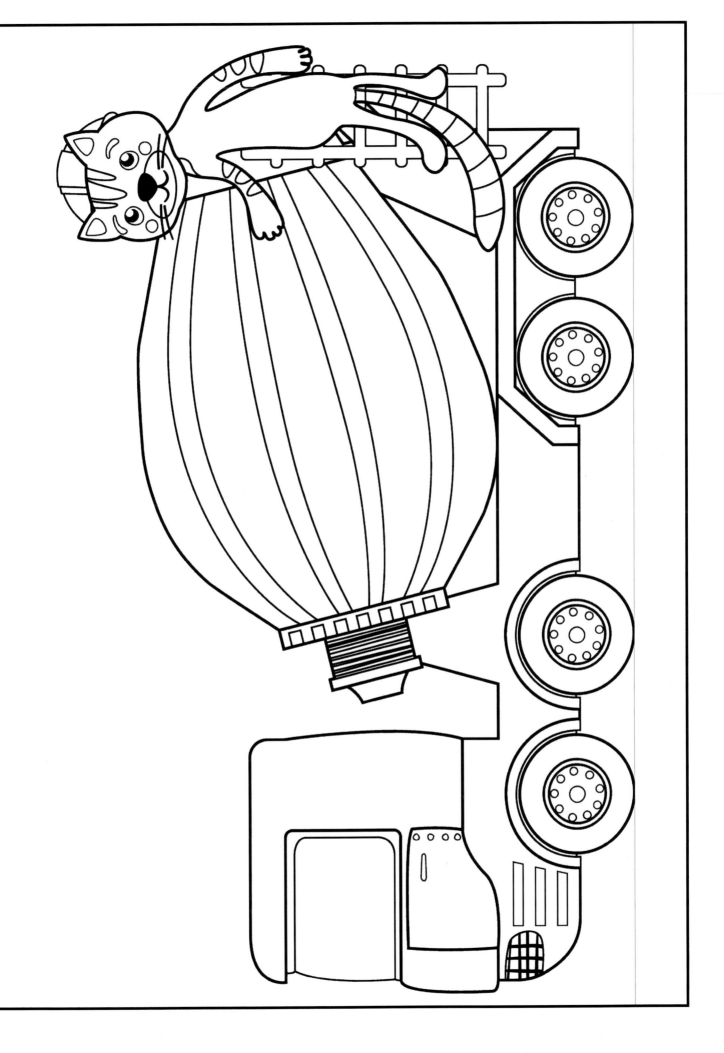

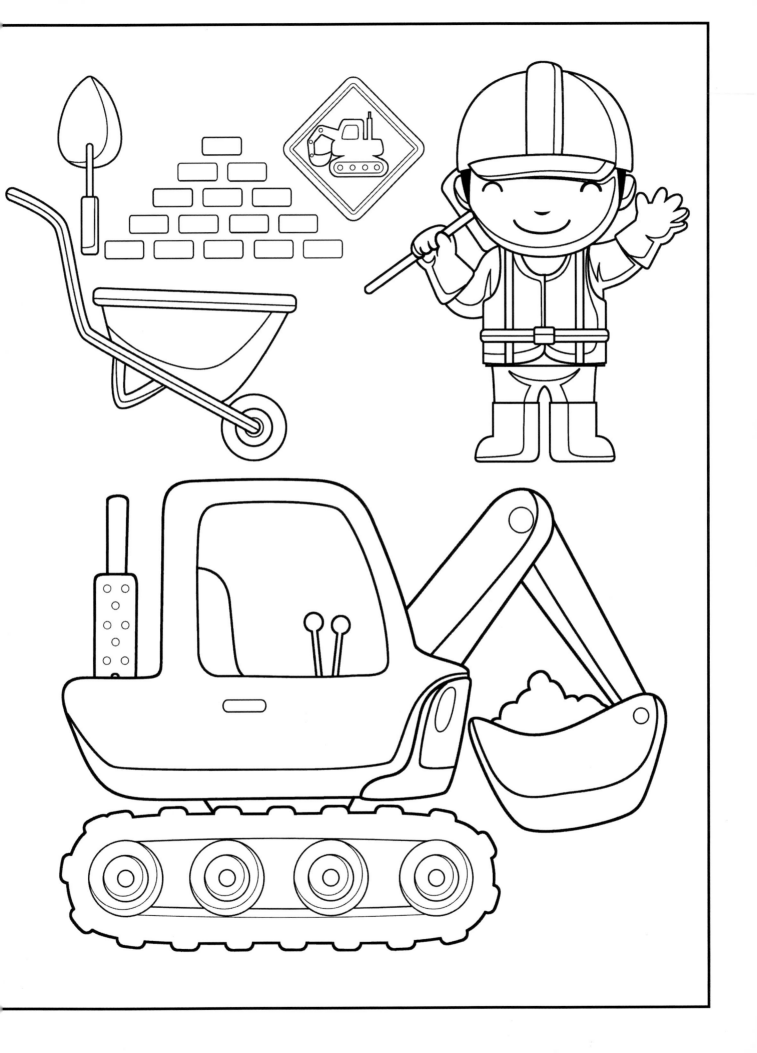

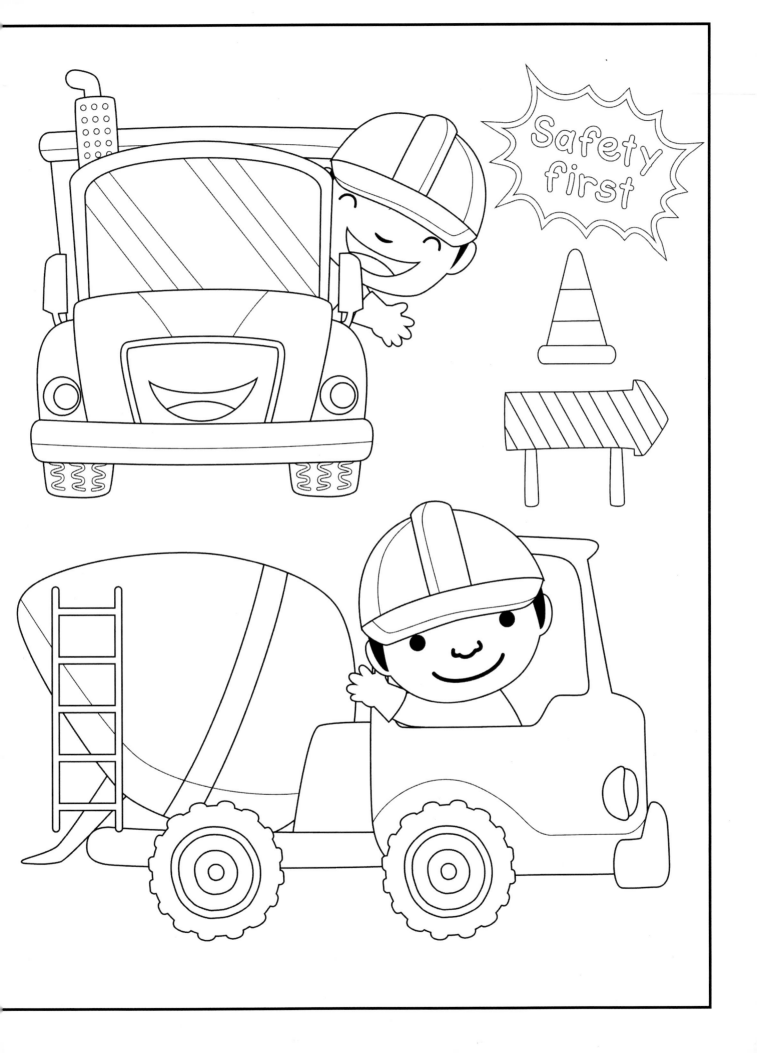

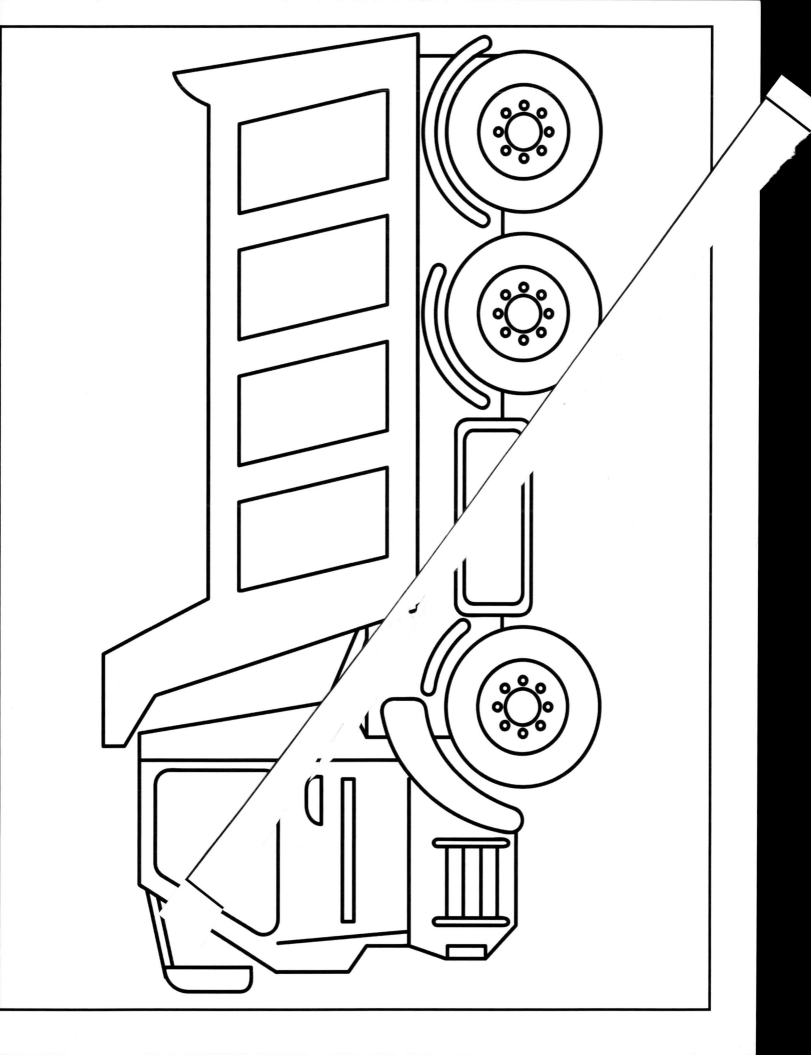

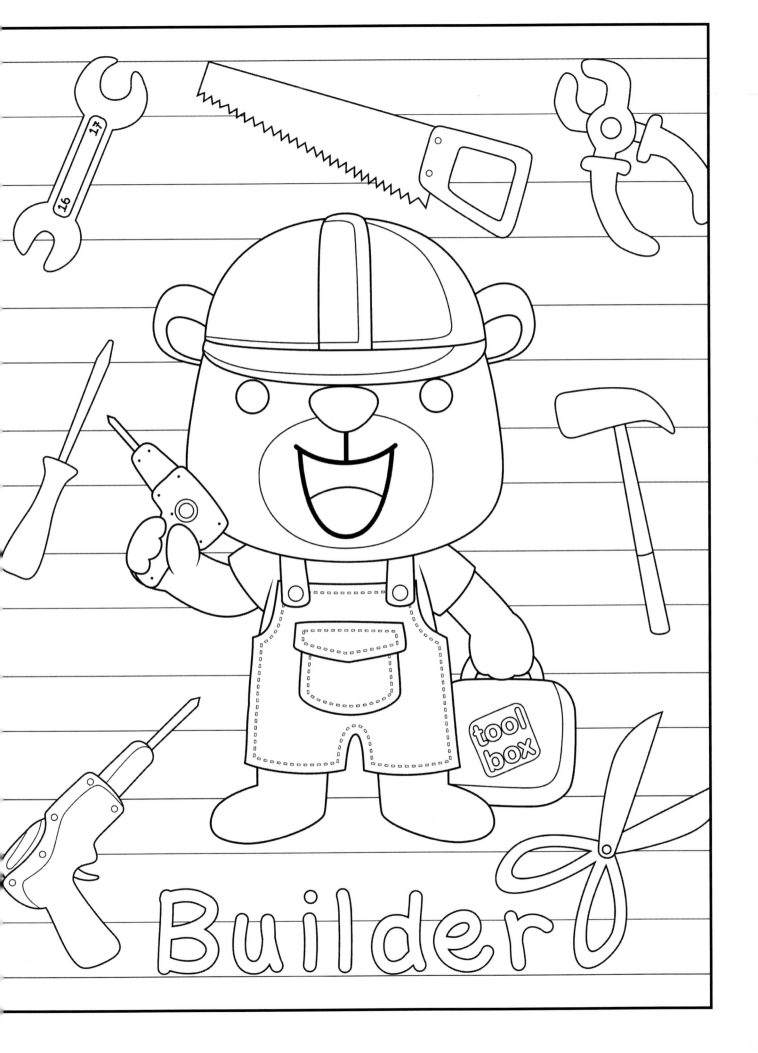

Builder

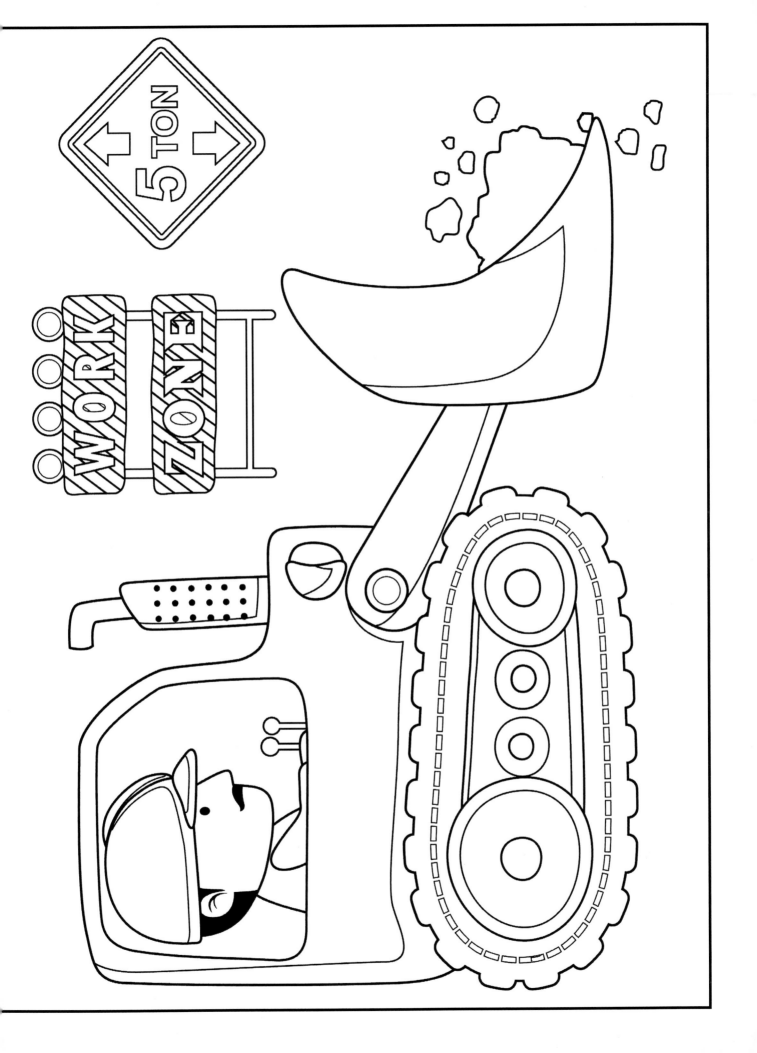

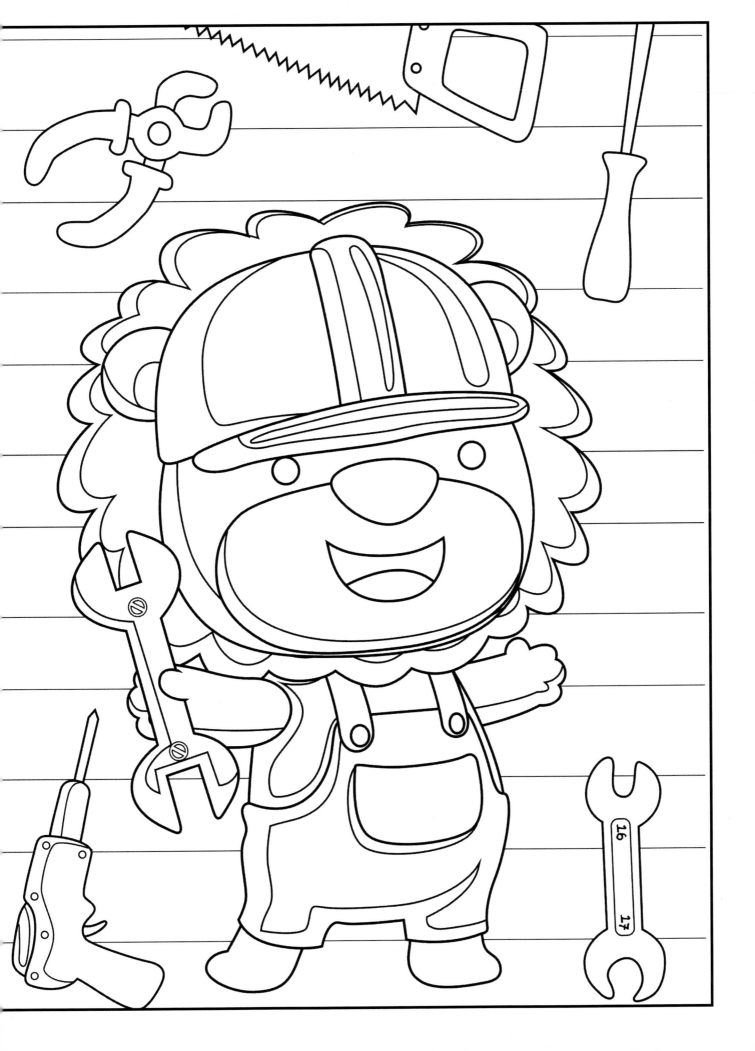

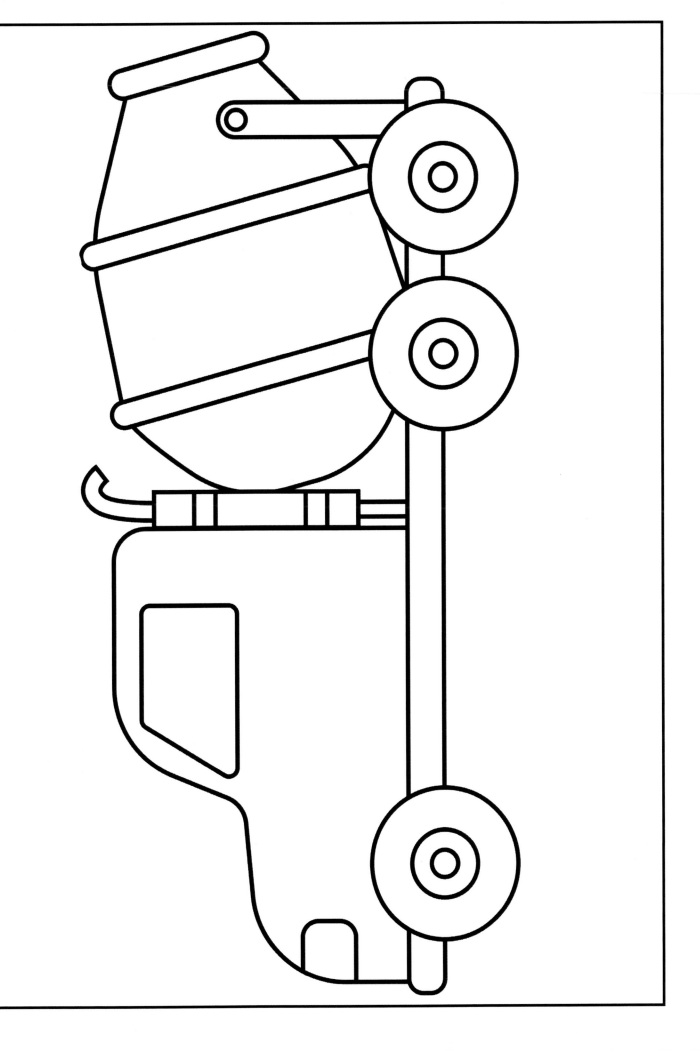

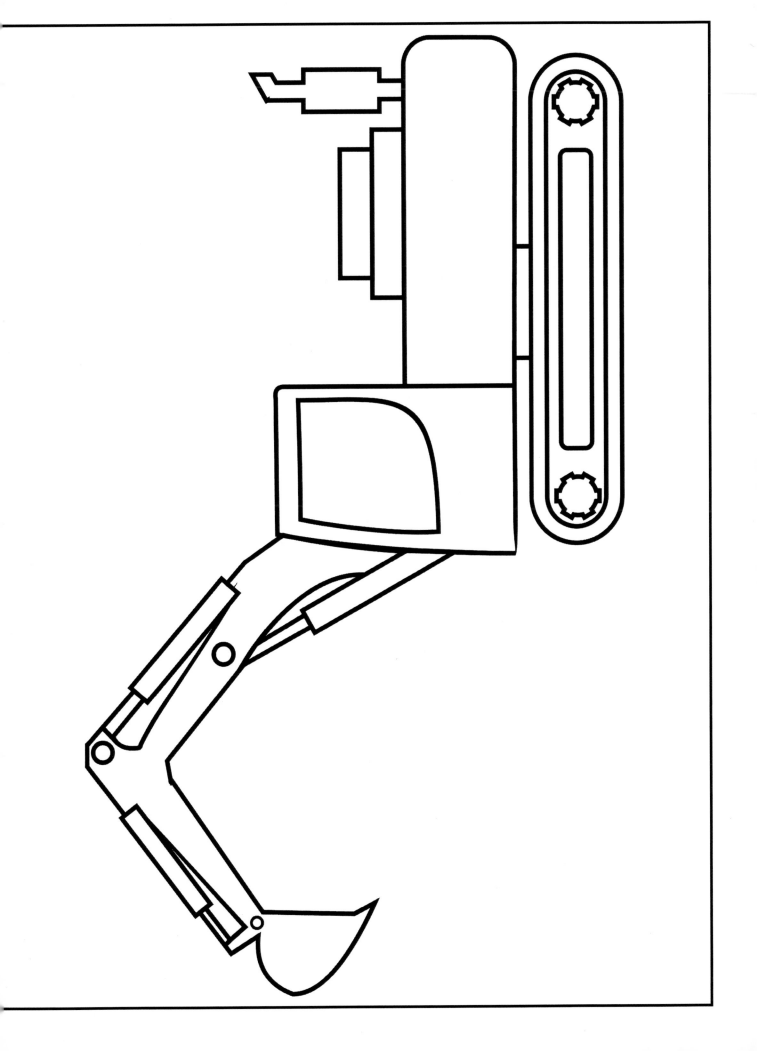

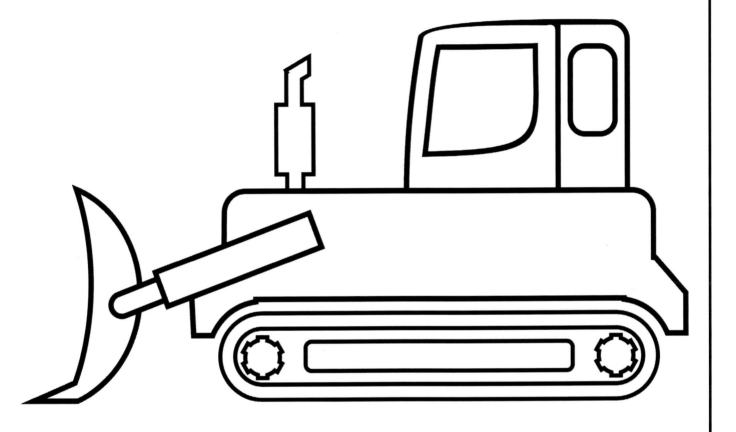

Bulldozer

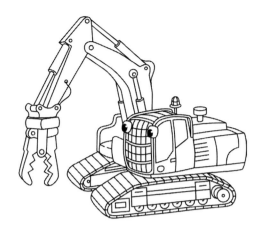

BONUS
ACTIVITY
PAGES

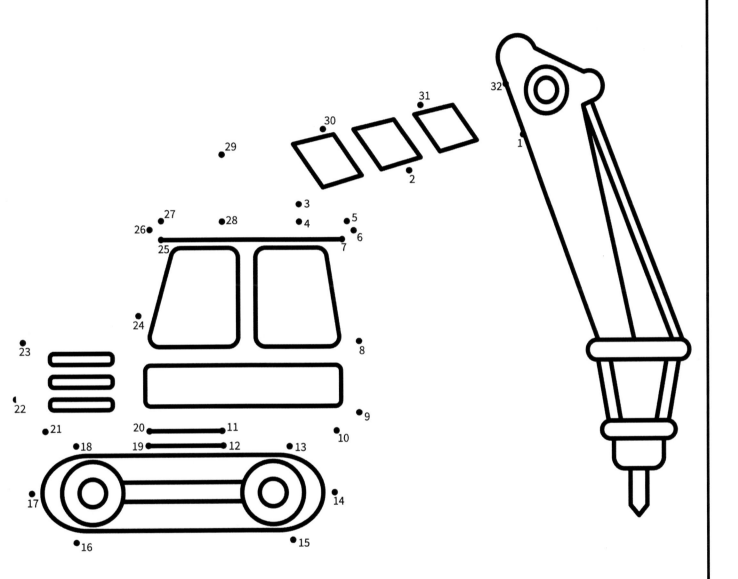

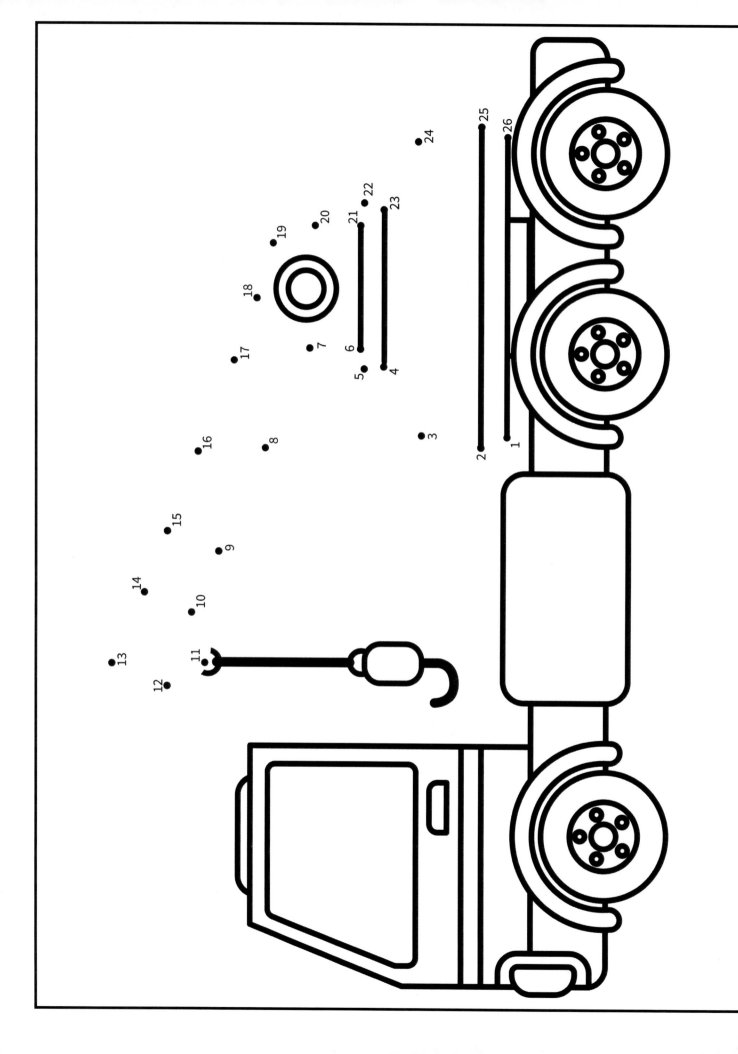

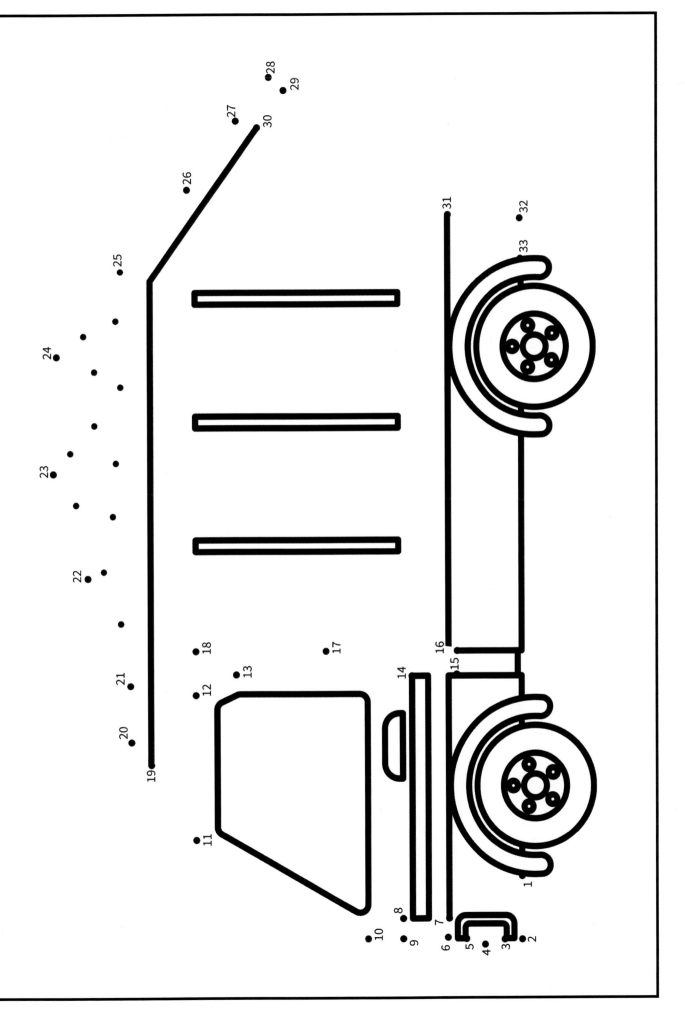

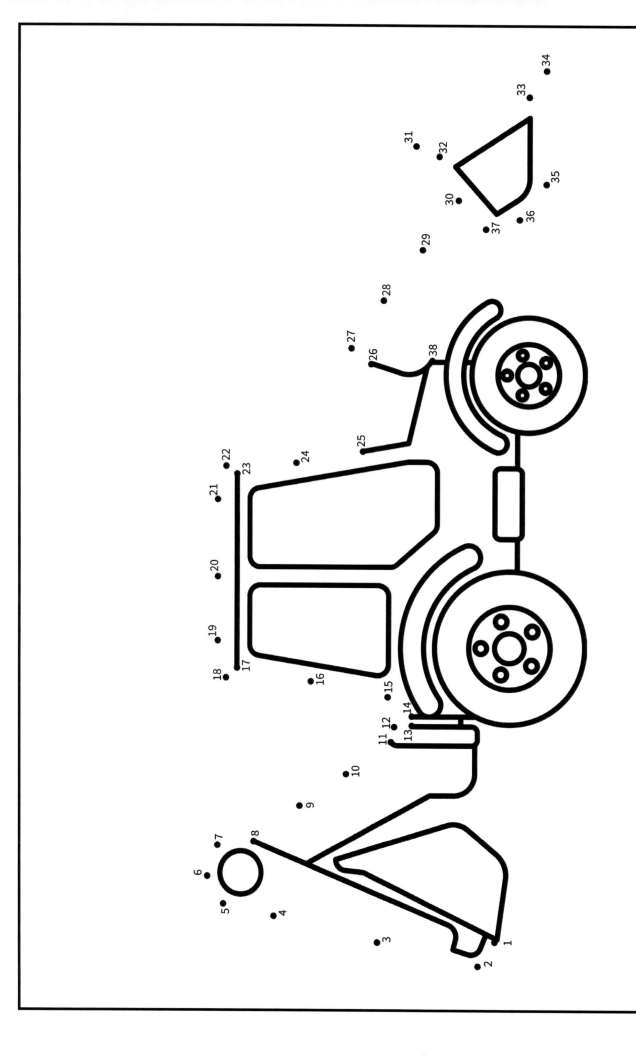

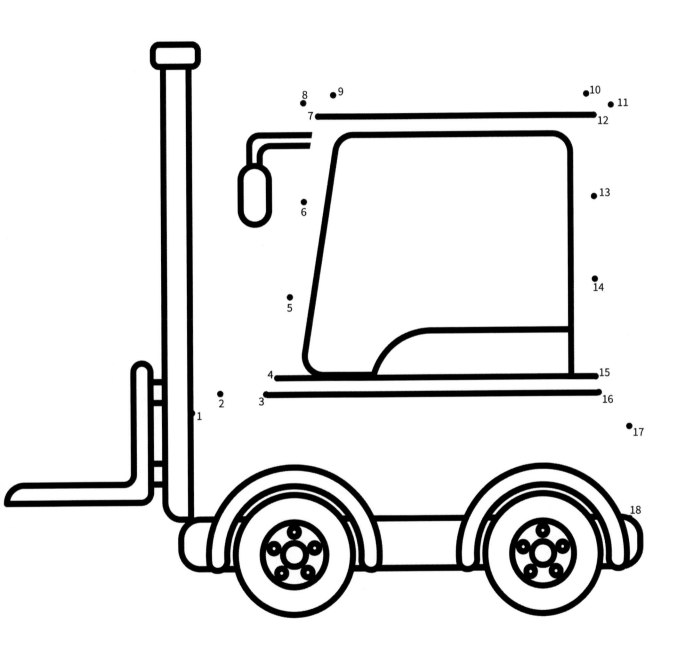

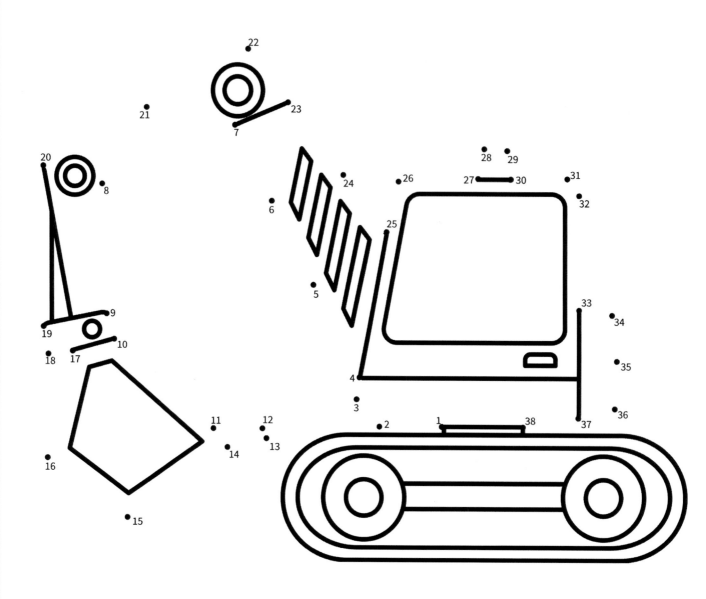

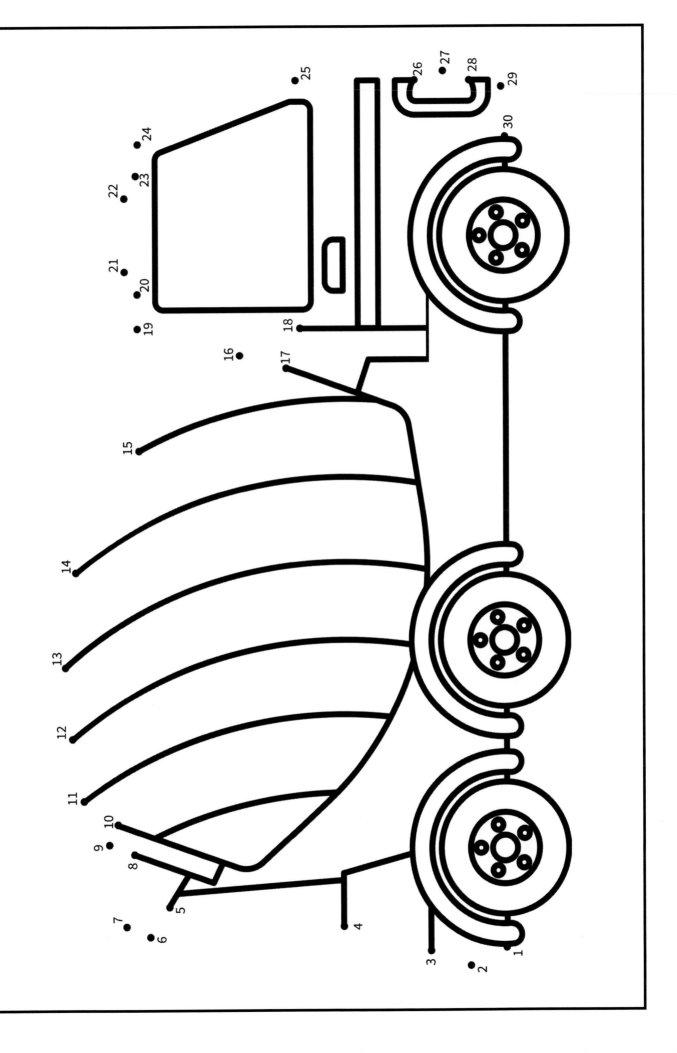

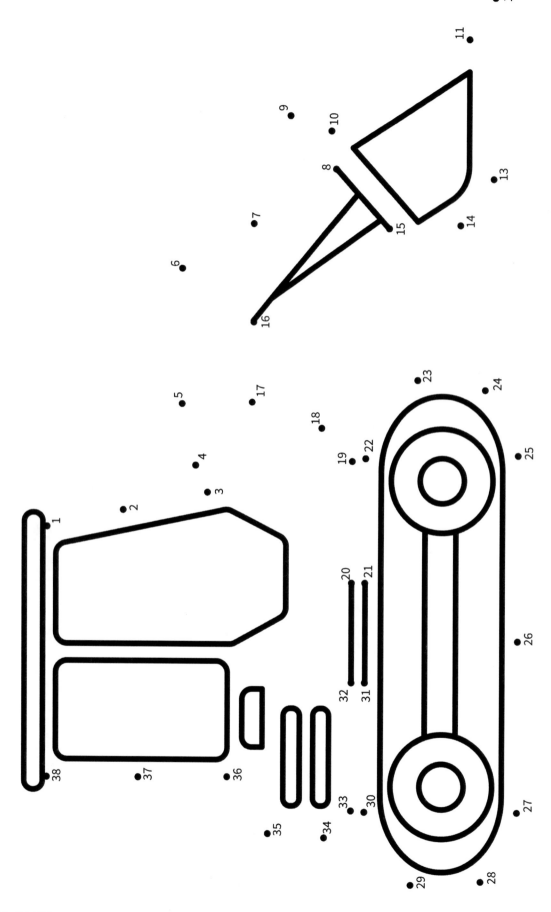

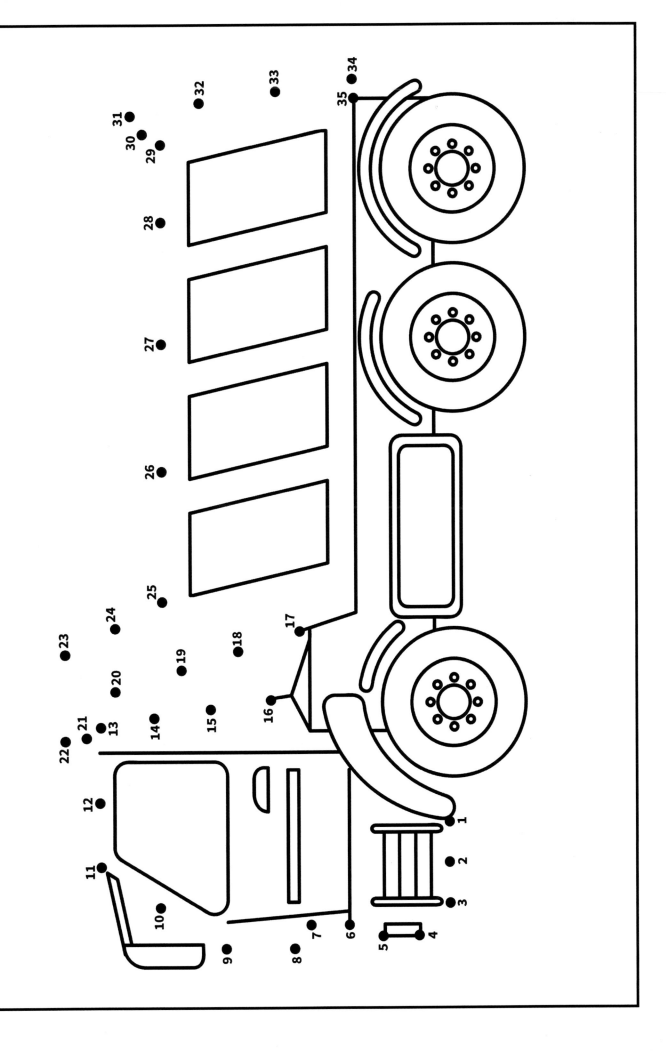

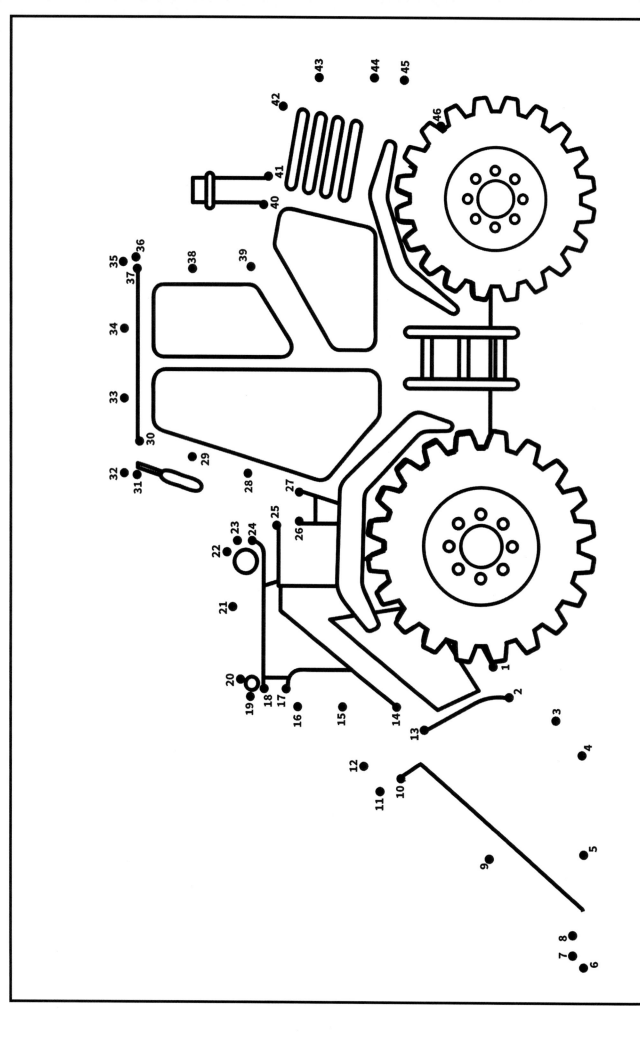

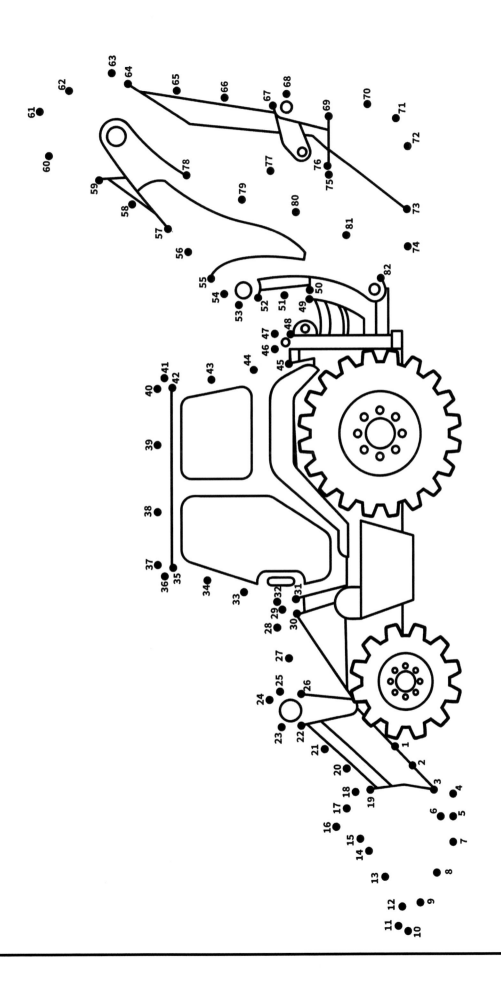

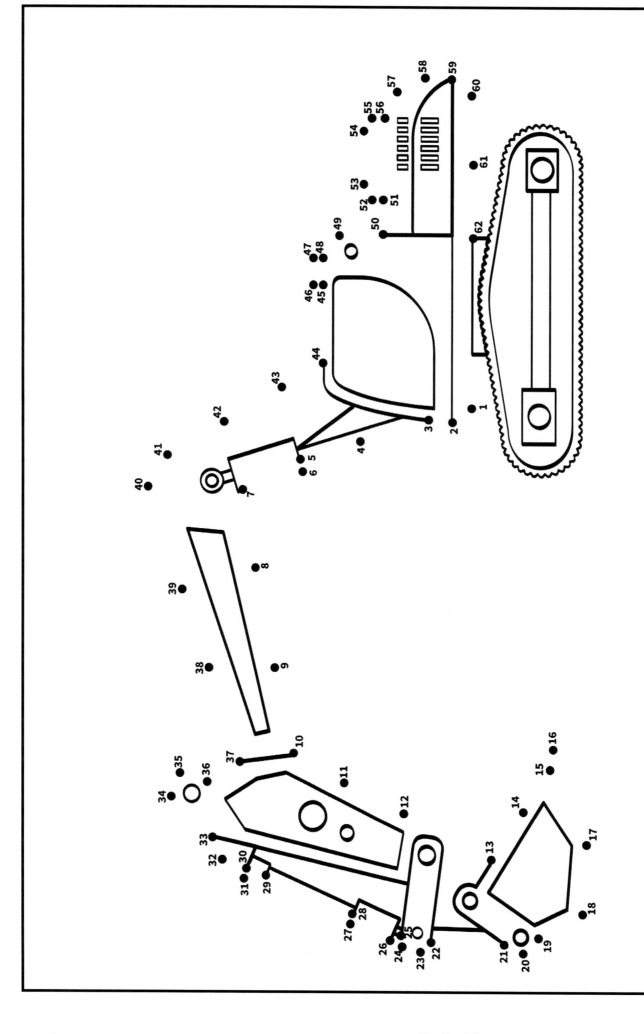

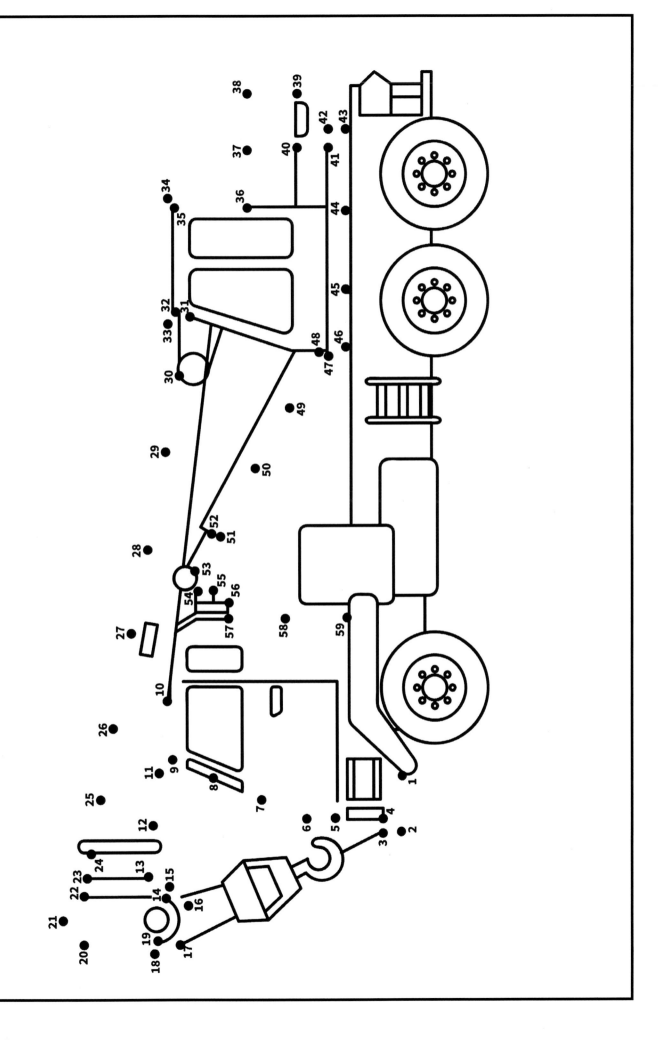

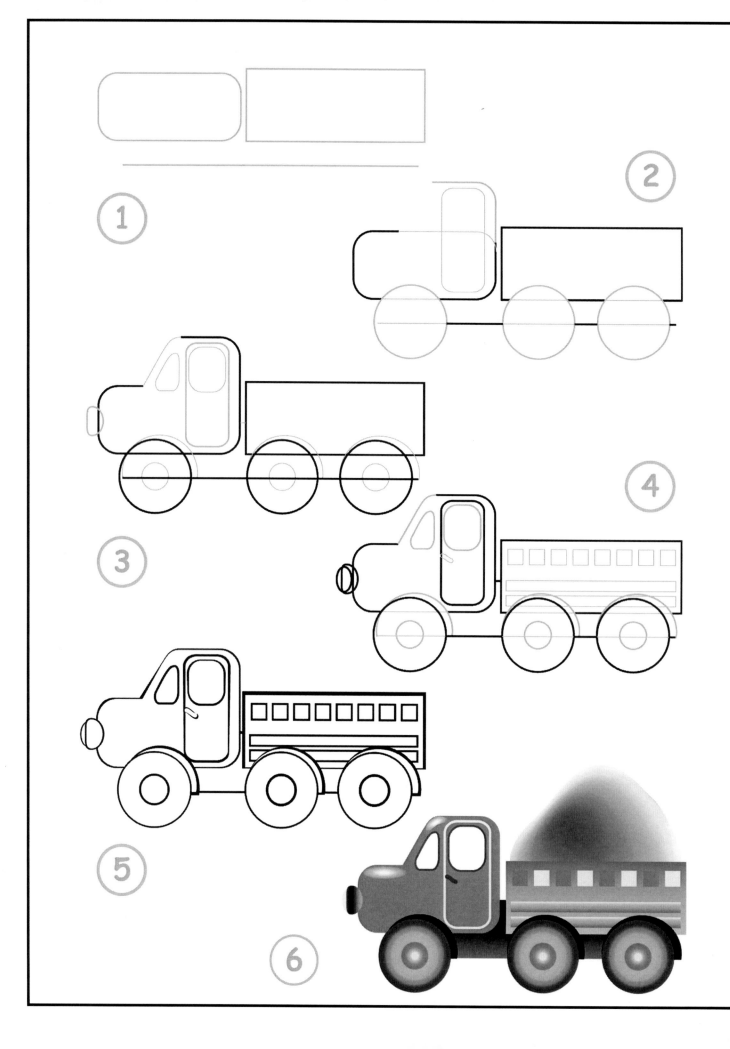

Your Turn to Draw

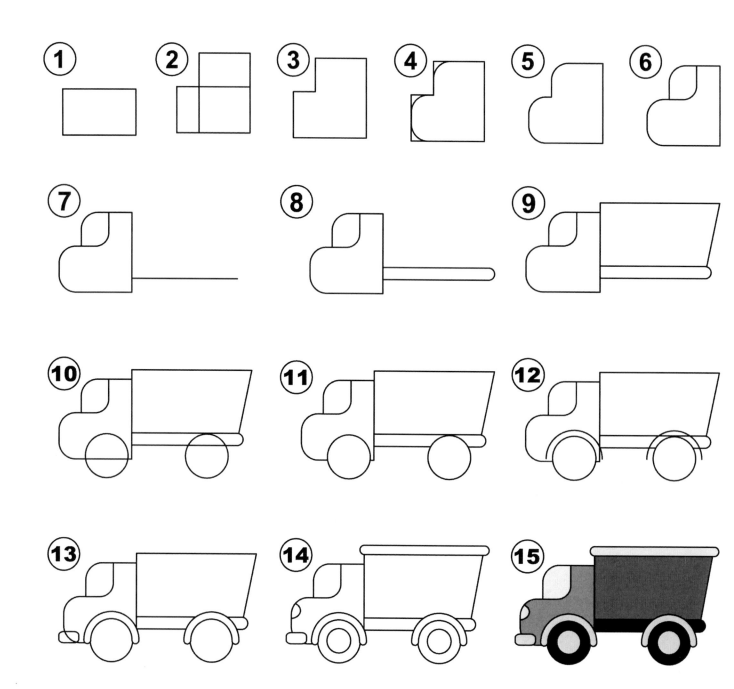

Your Turn to Draw

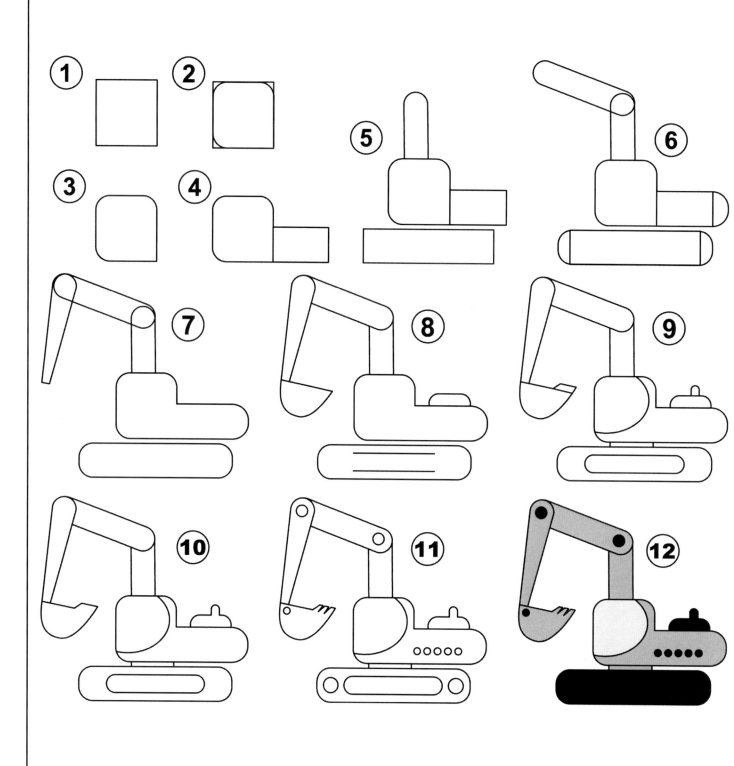

Your Turn to Draw

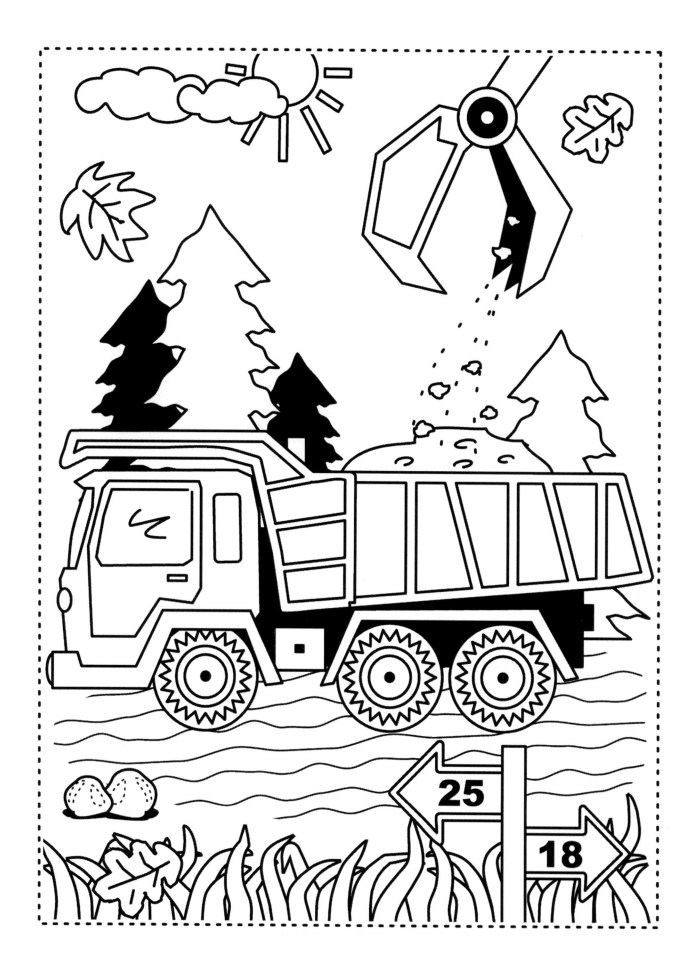

Find 10 Differences Between the Pictures

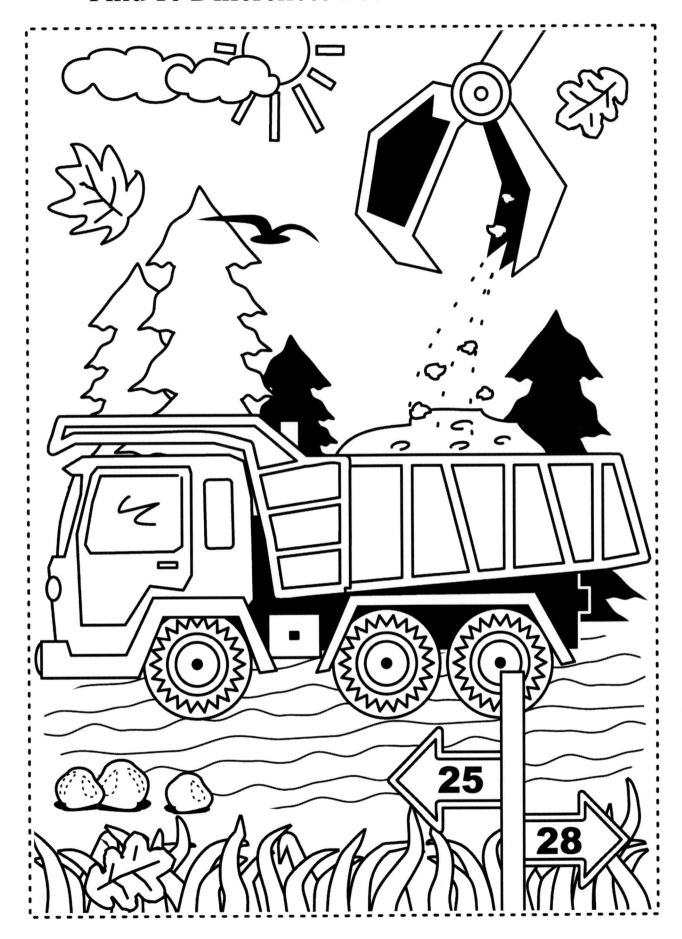

Find 10 Differences Between the Pictures

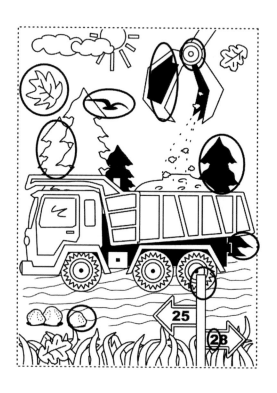

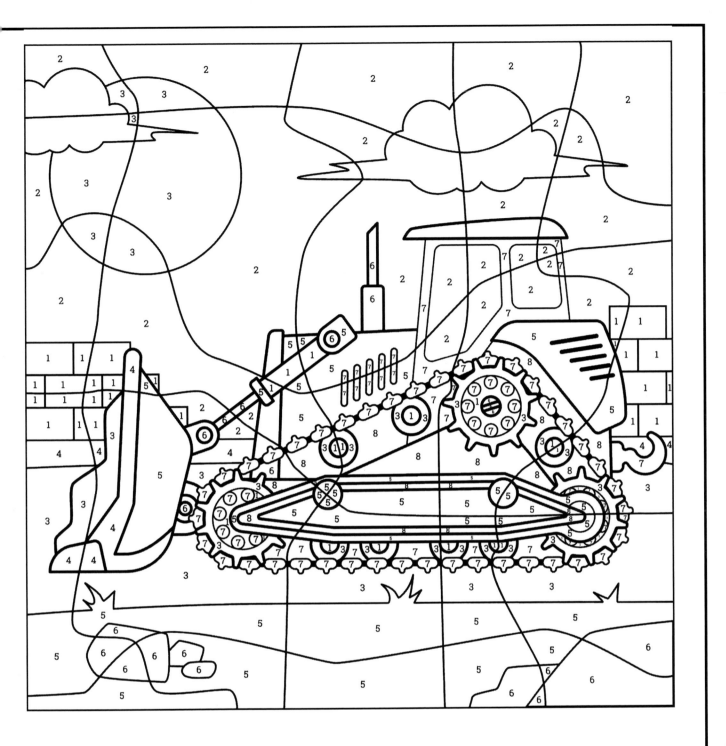

1 = orange

2 = light blue

3 = yellow

4 = dark green

5 = light green

6 = grayish blue

7 = black

8 = green

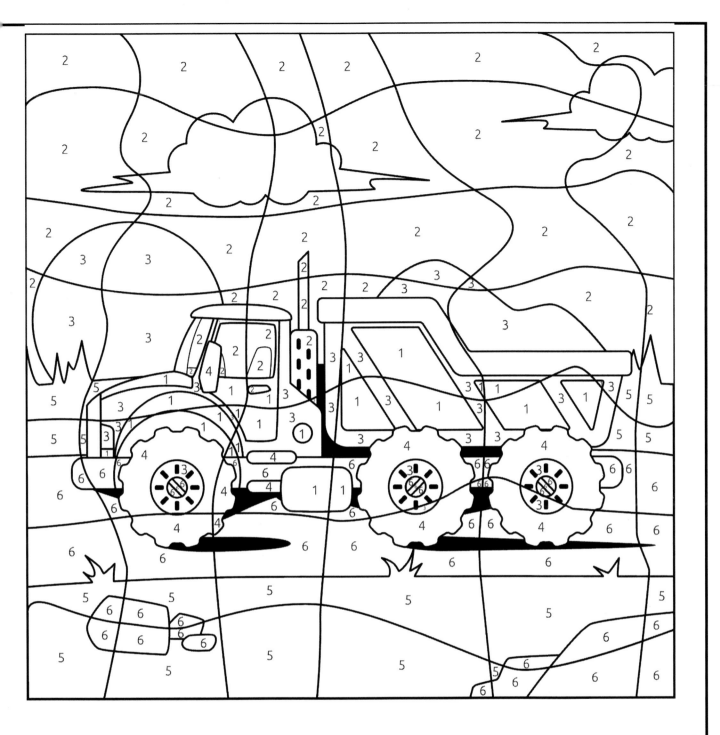

1 = orange

2 = light blue

3 = yellow

4 = dark gray

5 = green

6 = gray blue